¡Qué libro! Este libro, *¿Incondicional?* de Brian Zahnd, es el mejor que he leído nunca sobre el tema del perdón. Es un libro fascinante y desafiante; pero, sobre todo, llama a los cristianos a una comprensión más profunda de lo liberador que puede ser el verdadero perdón y cuánto podría ser transformada la iglesia por los principios presentados en este excelente libro, que podría convertirse en un clásico.

—Vinson Synan
Profesor de historia de la Iglesia y Decano Emérito
Regent University

Implacablemente bíblico, teológicamente puro, pastoralmente probado. Brian desafía a la iglesia a convertirse en cristiana. Proclama la centralidad del amor perdonador en la invitación de Cristo de modo que bien podríamos dudar antes de entrar por esa puerta estrecha. Este mensaje podría realmente salvarnos.

—Brad Jersak
Autor de *Can you Hear Me?*

Hannah Arendt (probablemente una de las mejores filósofos políticos del siglo XX) sugirió, en su clásico *La condición humana*, que la idea del perdón era una de las aportaciones más importantes que el cristianismo ha hecho al mundo. Arendt, siendo judía, sabía de lo que hablaba. *¿Incondicional?* de Brian Zahnd ilustra ampliamente por qué el perdón es el pulso y el núcleo de una vida auténtica y costosamente llena de gracia. Lea meditativamente y digiera interiormente esta joya de un clásico en ciernes. Su viaje de fe será transformado en oro puro.

—Ron Dart
Departamento de Ciencias Políticas/Filosofía/
Estudios Religiosos
Universidad de Fraser Valley
Abbotsford, British Columbia, Canadá

En *¿Incondicional?* Brian Zahnd nos llama a la mesa del Señor, ¡donde el perdón es el plato principal! Hay una mesa que me llama al hogar, a mirar a los ojos de un amigo y olvidar que antes fue enemigo y ver el modo en que yo puedo serlo.

—Jason Upton
Artista dedicado a la Grabación

El pastor Brian Zahnd es un compañero de sueños con una atrevida visión para la iglesia en la actualidad. Es una voz apasionada, que ofrece revelación práctica y bíblica sobre el arte del perdón y el desafío a seguir el ejemplo de Cristo en nuestras vidas cotidianas. El llamado al perdón radical es un llamado que todos debemos responder, al igual que Jesús lo hizo mediante su muerte en la cruz sin egoísmo, incondicional y radical.

—Brian Houston
Pastor Principal, Hillsong Church
Sydney, Australia

Lectura profundamente apasionante.

—R. T. Kendall
Autor del Éxitos de Ventas *Perdón Total*

Como pastor, he leído muchos libros excelentes sobre el perdón. El de Brian Zahnd está entre los mejores que haya leído nunca. Este libro está lleno de inspiradoras historias de perdón y buenas perspectivas teológicas y bíblicas. Si tuviera que recomendar un solo libro sobre el perdón, sería éste.

—Rev. Adam Hamilton
Pastor Principal, Church of the Resurrection
Leawoods, Kansas
Autor de *When Christians Get It Wrong*

En un mundo lleno de animosidad y hostilidad, Brian Zahnd desafía a los lectores a redescubrir el corazón del evangelio cristiano: una revolución de amor perdonador. *¿Incondicional?* es un bienvenido cambio en la agotada retórica y las discusiones sin salida con respecto a cómo podemos sobreponernos al conflicto y el dolor. La penetrante visión del perdón que tiene Zahnd es bíblica, hermosa, brillante y valiente. Él nos muestra el camino a seguir presentando la necesidad de perdón interpersonal con relatos históricos y contemporáneos de atrocidad, brutalidad, guerra y sufrimiento. A lo largo del camino, interactúa con pensadores, escritores, poetas, hombres de estado filósofos y teólogos para producir un magistral llamado a que los seguidores de Cristo pongan "fin al ciclo de la venganza". *¿Incondicional?* no es un libro seguro. Es un peligroso llamado a tomar en serio el mandamiento bíblico de perdonarnos unos a otros.

—Dr. Derek Vreeland
Pastor, Cornerstone Church
Americus, Georgia
Autor de *Shape Shifters*

¡Me encanta este libro! No es un trato fácil del perdón. Comienza con el Holocausto y avanza desde ahí. Se trata de perdón profundo y costoso. Trata el corazón de la fe cristiana: el grandioso anuncio de buenas noticias, las mejores de todas, el perdón incondicional del pecado mediante la vida sacrificial, la muerte y la victoriosa resurrección de Cristo.

—Joe Beach
Pastor, Amazing Grace Church
Denver, Colorado

Brian Zahnd ha hecho un llamado muy necesario a cada uno de nosotros a que entendamos mejor y practiquemos las implicaciones de la cruz: el perdón. Escrito desde el corazón de un pastor y la mente amable de un reformador, este libro le desafiará y le inspirará.

—Lee Cummings
Pastor, Radiant Church
Richland, Michigan

Me encanta este libro. El perdón radical es el imperativo ético más importante, y más difícil, que hay. En última instancia, es lo que queremos decir cuando hablamos de amor incondicional, si ese amor va a ser puesto a prueba. La mayoría de personas quieren ofrecer un amor que sería ingrávido. Este libro no podría ser más importante, y también está escrito con mucha elegancia. La voz de Zahnd, una voz muy convincente, es genuina, nada fingida, nada artificial. A las personas les encantará el libro si lo leen. Tengo mucha esperanza en que así sea.

—Clancy Martin
Profesor de Filosofía
Universidad de Missouri-Kansas City
Autor de *How to Sell*

Preste mucha atención a este autor. El mensaje de *¿Incondicional?* es un recordatorio oportuno y muy necesario de lo que es fundamental en el evangelio, una verdad hermosa y buena, mucho más deseada de lo que pudiéramos darnos cuenta por solicitantes seculares y discípulos desanimados. El viaje personal y pastoral del autor es en sí uno igualmente poderoso, de aliento para todos los que laboramos en el ministerio y la misión, y quienes nos encontramos en el espacio luminal. Brian Zahnd es un maestro de la narración con el potencial intelectual de un Miroslav Volf, el corazón pastoral y el creíble testimonio de un liderazgo congregacional efectivo como el de John Ortberg, y una capacidad para articular el evangelio a través de generaciones y tribus a la par con Eugene Peterson. He aquí un colega evangélico a quien los líderes de primera fila y en los círculos católicos están escuchando con gran interés.

—Bill Rose Heim
Pastor del Área Noroeste
Iglesia Cristiana (Discípulos de Cristo)
en Estados Unidos Central

¿INcondicional?

¿INcondicional?

Brian Zahnd

CASA CREACIÓN
A Strang Company

La mayoría de los productos de Casa Creación están disponibles a un precio con descuento en cantidades de mayoreo para promociones de ventas, ofertas especiales, levantar fondos y atender necesidades educativas. Para más información, escriba a Casa Creación, 600 Rinehart Road, Lake Mary, Florida, 32746; o llame al teléfono (407) 333-7117 en Estados Unidos.

¿Incondicional? por Brian Zahnd
Publicado por Casa Creación
Una compañía de Strang Communications
600 Rinehart Road
Lake Mary, Florida 32746
www.casacreacion.com

Traducido por: Belmonte Traductores
Director de diseño: Bill Johnson
Diseño de portada: Justin Evans

Originally published in the U.S.A. under the title: *Unconditional?*
Published by Charisma House, A Strang Company, Lake Mary, FL 32746 USA

Library of Congress Control Number: 2010939715
ISBN: 978-1-61638-066-3

11 12 13 14 15 * 7 6 5 4 3 2 1
Impreso en los Estados Unidos de América

Para Peri…

Mi constante compañera en la aventura de la fe

ÍNDICE

PREFACIO

He estado esperando un libro como el que tiene usted entre sus manos.

Me crié siendo el hijo de un ministro pentecostal. Dios encontró el camino al corazón de mi padre en medio del infierno de un campo de concentración comunista. De ser un acérrimo ateo se convirtió en seguidor de Cristo. Él sobrevivió, a duras penas, y se unió a una pequeña iglesia pentecostal en la anterior Yugoslavia. Ayunó durante semanas para recibir el bautismo en el Espíritu. Habló en lenguas, tuvo el don de interpretación, y practicó la imposición de manos y la oración por los enfermos. Durante dos semanas en 1958, durante una visita a Estados Unidos, fue a Tulsa, Oklahoma, y recibió enseñanza de Oral Roberts.

Después de mi breve periodo como "pródigo", fui bautizado en su iglesia y me volví un pentecostal comprometido. Fue allí donde prediqué mi primer sermón, y fue allí donde di mis primeros pasos para guiar al pueblo de Dios. Él había esperado que yo le sucediera como pastor de esa iglesia; también estaba en los pensamientos de mi padre que yo escribiese mis primeros textos teológicos y emprendiese la traducción de libros cristianos (cuando era adolescente, traduje el libro de John Sherrill, *They Speak with Other Tongues* [Hablan en otras lenguas] al croata, un compasivo relato de un encuentro con el pentecostalismo). Cuando era joven, era un pentecostal activo, pero eso comenzó a cambiar después de llegar a California en el otoño de 1977 y tener un encuentro con el pentecostalismo estadounidense.

Fui a estudiar teología en el seminario teológico Fuller, que no estaba muy lejos de la calle Azusa en Los Angeles, el lugar donde se encendió la primera llama pentecostal original. La familia Maye, personas tan buenas como las que había conocido en otros lugares, me dieron, a un extraño, su sala de televisión como mi nuevo hogar. Mientras recorría los canales de la televisión una noche, me encontré con un desmesurado y excéntrico evangelista televisivo, quien, entre otras cosas extrañas, estaba expulsando espíritus malos de los oídos de la gente. Yo quedé sorprendido no tanto por el extraño espectáculo como por lo que me parecía una completa falta de profundidad espiritual. Pronto descubrí que él no estaba solo. En la televisión y en muchas iglesias había predicadores difundiendo un comprometido evangelio de salud, riqueza y poder, el cual los creyentes tenían derecho a reclamar como suyo propio mediante un simple acto de fe. Aquello me pareció una fe pensada no para dirigir los esfuerzos de las personas hacia Dios y hacia el prójimo, sino para llenar el agujero negro de su propio ensimismamiento y avaricia.

Cuando el pentecostalismo llegó a la mayoría de edad y obtuvo algo de respeto, la visión de la sanidad de los cuerpos se extendió para incluir la meta de sanar a la nación. Y sin embargo, las causas que muchos pentecostales adoptaron estaban impulsadas menos por el evangelio del interés de Dios por todos y más por el interés por nosotros mismos, nuestro bienestar material y nuestra seguridad. Hasta hace poco tiempo, muchos pentecostales apoyaban políticas medioambientales que consistían principalmente en asegurarse de que la creación de Dios siga estando todo lo desprotegida de la rapacidad del ser humano como sea posible. Esa era una política muy corta de vista, aunque se piense solamente en intereses humanos; lo peor de todo es que se pretendía que fuese corta de vista. Porque muchos creían que pronto llegaría el terrible Día del Señor, y toda la tierra con todos sus recursos sería engullida en un incendio masivo. Por tanto, razonaban ellos, ¡es mejor que rescatemos para nuestro uso todo lo que podamos antes de que todo desaparezca en medio del humo! Una vez más, la riqueza y el poder eran casi el interés exclusivo.

Y entonces llegó la "guerra contra el terror" y la obsesión por la seguridad. Después del 11 septiembre, América se vio atenazada por el espíritu de la cultura de "patada en el trasero" (por usar una frase del libro de Zahnd). Muchos pentecostales, junto con muchos evangélicos, creyeron que la guerra era realmente una confrontación entre el Yahvé de la Biblia y Alá, el dios luna del Corán. Poco después de mi llegada a Estados Unidos llegué a entender que los pentecostales americanos están entre los guerreros más entusiastas en la guerra de la cultura, y son ávidos defensores de una agresiva política exterior especialmente desagradable hacia los enemigos de la libertad, ya sean comunistas o musulmanes.

Esa no era la fe pentecostal del avivamiento de la calle Azusa, del grupo de quienes se reunían en torno a William Joseph Seymour y de la primera generación de pentecostales. Y aquella no era la fe pentecostal que yo aprendí de mi padre: un cristiano con una profunda sensibilidad espiritual y un hombre que era presa del amor de Dios en la profundidad de su propia desgracia. Él creía que Dios sacaba a las personas de la pobreza, pero estaba persuadido de que Dios lo hace principalmente por medio de personas que están dispuestas a dar y a trabajar por los pobres y los marginados. En la mesa de nuestra cocina, él nunca oraba para que Dios "derramase bendiciones" sobre los pobres, sino para que Dios abriese nuestras manos para ser generosos con ellos. Él creía que las personas tenían derecho a utilizar los abundantes recursos de la creación de Dios. Nunca se le habría ocurrido, sin embargo, que eso les daba los seres humanos licencia para saquear y destruir lo que Dios ha declarado como bueno. En cuanto a los enemigos, él me enseñó que Cristo murió por los impíos, como dice el apóstol Pablo. Y él me recordó más de una vez que, durante su viaje terrenal, Jesús ordenó a sus seguidores que amasen a su prójimo, incluyendo a sus enemigos. Cuando era anciano, insistía en que un musulmán albanés, para quien había trabajado cuando era un joven confitero, era "el mejor hombre para el que he trabajado nunca".

La fe pentecostal de mi padre y el pentecostalismo estadounidense chocaron en mi experiencia. Sentí una profunda incomodidad con el pentecostalismo estadounidense. Yo sabía, desde luego, que había mucho más que el "evangelio" de salud y riqueza, indiferencia hacia la creación de Dios y una política agresiva hacia todos los enemigos, tanto domésticos como extranjeros. Amigos como William W. Menzies (que entabló amistad conmigo cuando yo era un adolescente con hambre de aprendizaje teológico), Cecil M. Robeck (con quien enseñé en el seminario teológico Fuller), Joseph Cumming (quien trabaja en la reconciliación entre musulmanes y cristianos en el Centro que dirijo en Yale), y muchos otros pentecostales americanos personifican esta alternativa. Y sin embargo, lo que yo vi en muchas iglesias y en la televisión parecía tan codicioso y agresivo, tan ensimismado y falto de perdón, que no podía reconocer en ello ni la fe de mi padre ni la fe de los seguidores de Jesús.

Ahora ya sabe usted por qué he estado esperando un libro como *¿Incondicional? El llamado de Jesús al perdón radical* de Brian Zahnd. De manera fresca y convincente, Zahnd nos insta a todos nosotros a dejar a un lado el consumismo y la hostilidad hacia quienes son diferentes a nosotros y practicar una gracia generosa y perdonadora. Su libro es un urgente llamado a la conversión. Es un eco del llamado que viene del abismo más profundo del corazón de Dios: el llamado a encontrar nuestro gozo más profundo al convertirnos en instrumentos del amor incondicional de Dios. Mi padre está sonriendo desde el cielo. Y quizá William Seymour también lo esté.

—MIROSLAV VOLF

Miroslav Volf es profesor de teología Henry B. Wright en la Universidad de Yale y director fundador del Centro Yale para la Fe y la Cultura. Es autor de *Exclusion and Embrace* (Abingdon) y *Free of Charge: Giving and Forgiving in a Culture Stripped of Grace* (Zondervan).

PRELUDIO

El cristianismo occidental tiene necesidad de una puesta al día. Llegaría al extremo de decir que la necesidad es desesperada. El cristianismo, con lo cual quiero decir la experiencia de vivir el mensaje de Jesús, siempre debería estar caracterizado por una irresistible frescura y viveza. Pero lo que pasa por ser el mensaje cristiano en la actualidad parece un poco viejo y cansado. Me temo que el cristianismo tal como se entiende en la actualidad esté en peligro de pasar a ser cierto tipo de entrañable reliquia. Ya ha sucedido antes. Si el cristianismo ha de ser una voz irresistible y relevante en el siglo XXI, necesita un mensaje fresco: no una nueva innovación o interpretación original, sino un regreso a nuestras raíces. ¿Y cuáles son nuestras raíces? Hasta cierto grado, de eso se trata este libro.

La experiencia principal y el énfasis central del cristianismo giran en torno al tema del perdón. Si el cristianismo se trata de algo, ese algo es el perdón. No el perdón como meramente un fin en sí mismo o un medio legal de escapar al castigo, sino perdón como reconciliación y restauración total. El cristianismo presenta el perdón como la restauración de la conflictiva relación entre Dios y la humanidad. Perdón es también sólo aquello que tiene la capacidad de alcanzar paz y reconciliación dentro de las relaciones humanas, ya sean personales o globales. Lo más importante es que este es un libro sobre cómo Jesús perdona y cómo Él nos llama a imitar su práctica de perdón radical. Y *radical* es la palabra apropiada, porque cuando se trata de la proclamación y la práctica del perdón, Jesús fue el innovador más radical de la Historia. Cuando Jesús enseña sobre el perdón, Él nos empuja a lo extremo. Jesús parece indicar que nuestra práctica de perdón debería ser incondicional; pero el perdón incondicional es una orden muy grande, y requiere que pensemos en ella seriamente. ¿Podemos perdonar siempre? ¿Deberíamos perdonar siempre? Si perdonamos siempre, ¿no estamos dando capacidad al mal? Si perdonamos incondicionalmente, ¿no estamos sacrificando la justicia? Esos son algunos de los asuntos que intento explorar en este libro.

Si el cristianismo se trata de algo, ese algo es el perdón.

Al escribir, he tenido en mente principalmente a una audiencia cristiana, ya que supongo que los cristianos abarcarán a la mayoría de mis lectores. Pero a aquellos que no se identifican a sí mismos como cristianos, quiero decirles que también les he tenido en mente. Les invito a considerar este libro como mi resumen de lo que yo creo que se trata, en su esencia, el cristianismo. Y a los críticos del cristianismo, me gustaría reconocer que soy tristemente consciente de que a veces el cristianismo no ha sido muy hermoso. Con demasiada frecuencia, el mensaje de Jesús ha sido mal representado por las feas caras del legalismo, el triunfalismo y el odio inspirado religiosamente. (Hablo de alguno de esos asuntos en el libro). Espero que usted me permita presentarle la cara hermosa del cristianismo: la cara del perdón.

Quizá ése haya sido el principal motivo para escribir este libro: ayudar a recobrar la verdadera belleza del cristianismo tal como se encuentra en el perdón. Al entrar en la segunda década del tercer milenio cristiano, somos una Iglesia en necesidad de una renovación, una renovación que estoy convencido de que puede lograrse mediante una recuperación del hermoso evangelio cristiano del perdón. En un mundo donde la fealdad del odio y las represalias están impulsando el argumento del siglo XXI, la belleza del auténtico perdón cristiano es la irresistible alternativa.

—Brian Zahnd

Y perdónanos nuestros pecados, porque también nosotros perdonamos a todos los que nos deben.

Jesús, del Padrenuestro

Padre, perdónalos.

Jesús, cuando colgaba de la cruz

A quienes remitiereis los pecados, les son remitidos.

Jesús, en su primera aparición a sus apóstoles
después de la Resurrección

Creo en el perdón de pecados.

El Credo de los apóstoles

{ *1* }

LA CUESTIÓN DEL PERDÓN

DEBERÍA SER OBVIO que el perdón yace en el centro de la fe cristiana, porque en los momentos más cruciales la misericordiosa melodía del perdón se escucha como tema recurrente del cristianismo. Consideremos el predominio del perdón en los momentos del nacimiento del cristianismo y en sus textos sagrados: cuando Jesús enseña a sus discípulos a orar, se les indica que digan: "Y perdónanos nuestros pecados, porque también nosotros perdonamos a todos los que nos deben".* Cuando Jesús colgaba de la cruz, escuchamos orar, casi increíblemente: "Padre, perdónalos".† En su primera aparición a sus discípulos después de la resurrección, Jesús dice: "A quienes remitiereis los pecados, les son remitidos".‡ En el Credo de los apóstoles se nos enseña a confesar: "Creo en el perdón de pecados".

Si miramos el Padrenuestro, o la muerte de Jesús en la cruz, o su resurrección, o los grandes credos de la Iglesia, nunca estamos lejos del tema del perdón; porque si el cristianismo no se trata de perdón,

---

* Lucas 11:4
† Lucas 23:34
‡ Juan 20:23

no se trata de ninguna otra cosa. Aparte de cualquier otra cosa que pueda decirse sobre los cristianos, debe decirse de nosotros que somos un pueblo que cree en el perdón de pecados; creemos en el perdón de pecados tan ciertamente como creemos en la muerte y la resurrección de Jesucristo. La mayoría de nosotros entramos en la fe cristiana al menos motivados de alguna manera, sino principalmente motivados, por encontrar el perdón de nuestros propios pecados. A medida que crecemos en la fe cristiana, es vital que lleguemos a ser conscientes de que somos llamados a ser quienes dan perdón a otros, haciendo así del mundo un lugar más perdonador. Si entramos en la fe cristiana para encontrar perdón, debemos continuar en la fe para llegar a ser personas que perdonan, porque para ser un auténtico seguidor de Cristo debemos aceptar la centralidad del perdón.

Si el cristianismo no se trata de perdón, no se trata de ninguna otra cosa.

Esa es la teoría, de todos modos.

Pero en el mundo real de asesinato, violación, abuso infantil, genocidio y horribles atrocidades, ¿cuán viable es el perdón? ¿Es el perdón sólo una idea pía que puede desarrollarse dentro de santuarios con vidrieras solamente para marchitarse ante las duras realidades del mundo secular donde las vidrieras no pueden ocultar la fealdad de la atrocidad humana? Una víctima de violación puede que hubiera aprendido el Padrenuestro cuando era niña en la escuela dominical, ¿pero tiene alguna relación con su situación la parte sobre perdonar a quienes nos deben? ¿Se supone que ella ha de perdonar a quien la violó? Desde luego, el perdón es bueno en el ámbito de las agresiones relativamente menores, ¿pero hay un límite para el perdón? ¿Hay algunos delitos que van más allá de la capacidad de perdonar? ¿Hay algunos pecados tan atroces que perdonarlos sería en sí mismo un acto inmoral? ¿Es siempre posible el perdón? ¿O es siempre correcto? Éstas no son preguntas teóricas; son preguntas reales que se nos plantean en un mundo donde el mal es con mucha frecuencia inaceptable.

Para las personas modernas, la imagen simbólica de la maldad y el principal candidato a imperdonable es el Holocausto y el malvado arquitecto de esa atrocidad: Adolf Hitler. Además, el Holocausto proyecta una larga sombra sobre muchos aspectos de la fe cristiana y desafía la validez cristiana en varios niveles. Mientras consideramos el tema del perdón, debemos preguntar: ¿Tiene algo que ver el concepto cristiano de perdón con el Holocausto, o está el genocidio ciertamente en el ámbito de lo imperdonable? Cuando el cristianismo habla de perdón, ¿debería haber un asterisco al lado de la palabra para indicar que el perdón no es aplicable en situaciones extremas como los campos de concentración de la Alemania nazi, la limpieza étnica en la anterior Yugoslavia, y las masacres tribales de Ruanda?

Ha habido personas que me han dicho que no me preocupe por esos casos extremos, porque enseñar a la gente a perdonarse los unos a los otros en el curso normal de la vida es suficiente. Pero yo no estoy de acuerdo. Si se puede demostrar que hay situaciones en las cuales el llamado de Cristo a amar a nuestros enemigos y perdonar a quienes nos ofenden no se aplica, hemos encontrado la trampa para escapar a cualquier obligación cristiana significativa de perdonar a otros. El perdón, entonces, sin duda se convierte meramente en un ideal de piedad restringido a un escaparate. Las preguntas sobre hasta dónde puede y debe extenderse el perdón son preguntas reales que personas reales hacen, quizá de modo más notable Simon Wiesenthal.

"Lo que pido es casi demasiado"

Simon Wiesenthal tiene una inolvidable historia que contar, y una pregunta aún más inolvidable que hacer. Él relata su historia y hace su pregunta en su famoso libro *The Sunflower* [El girasol]. Simon Wiesenthal era un judío austriaco encarcelado en un campo de concentración nazi durante la Segunda Guerra Mundial. En *The Sunflower*, Simon Wiesenthal relata su historia y después hace al lector una pregunta difícil.

Cuando comienza el libro, Wiesenthal es parte de una tarea detallada, tomados del campo de concentración para realizar trabajos de limpieza en un hospital provisional de campo cerca del ala oriental. A medida que son llevados desde el campo de prisioneros hasta el hospital, atraviesan un cementerio para soldados alemanes. En cada una de las tumbas hay un girasol. Wiesenthal escribe:

> Yo envidiaba a los soldados muertos. Cada uno de ellos tenía un girasol para conectarlo con el mundo vivo, y mariposas que visitaban su tumba. Para mí, no habría girasol. Yo sería enterrado en una fosa común, donde habría cadáveres apilados encima de mí. Ningún girasol proyectaría nunca luz en mi oscuridad, y ninguna mariposa danzaría por encima de mi horrible tumba.[1]

Mientras trabajaba en el hospital provisional, una enfermera alemana da órdenes a Wiesenthal de que la siga. Él es conducido a una habitación donde un solitario soldado de la SS está tumbado moribundo. El soldado de la SS es un alemán de 21 años de edad de Stuttgart llamado Karl Seidl. Karl ha pedido a la enfermera que le lleve "a un judío". Karl ha sido mortalmente herido en batalla y ahora quiere hacer su confesión antes de morir, y quiere hacerla a un judío. El hombre de la SS está envuelto en vendas que cubren todo su rostro, con agujeros solamente para su boca, nariz y orejas. Durante las siguientes horas, Simon se sienta solo en silencio con Karl mientras el moribundo soldado de la SS le cuenta su historia. Karl era hijo único en un hogar cristiano. Sus padres le habían educado en la iglesia y no habían apoyado al partido nazi y el ascenso al poder de Hitler. Pero cuando tenía quince años, y en contra de los deseos de sus padres, Karl se unió a las Juventudes de Hitler. A los 18 años, Karl se unió a las infames tropas de la SS.

Ahora que Karl se está muriendo, quiere confesar las atrocidades de las que ha sido testigo y en las cuales él, como soldado nazi de la SS, ha participado. Lo más horrible es un relato de ser parte de un grupo de soldados de la SS enviados a acorralar a judíos en la ciudad de Dnepropetrovsk. Trescientos judíos, hombres, mujeres, niños y bebés, fueron reunidos y conducidos con látigos a una pequeña casa de tres pisos. La casa fue incendiada, y Karl relató lo que sucedió a su *confesor* con las siguientes palabras:

> "Escuchamos gritos y vimos las llamas ir subiendo de piso en piso... Teníamos nuestros rifles listos para disparar a cualquiera que intentase escapar de aquel infierno en llamas... Los gritos que salían de aquella casa eran horribles... Detrás de las ventanas del segundo piso, vi a un hombre con un niño pequeño en sus brazos. Sus ropas estaban en llamas. A su lado estaba una mujer, sin duda la madre del niño. Con su mano libre, el hombre cubría los ojos del niño... Entonces saltó a la calle. Segundos después, siguió la madre. Entonces desde las otras ventanas cayeron cuerpos en llamas... Nosotros disparamos... ¡Oh Dios!".[2]

Karl está más obsesionado por el muchacho al que él disparó, un muchacho con "ojos oscuros" que Karl supuso que tendría unos seis años de edad. La descripción que hizo Karl de ese muchacho le recuerda a Simon Wiesenthal a un muchacho al que conoció en el gueto de Lemberg.

Durante las varias horas en que Simon el judío se sentó con Karl el nazi, Simon no habló. A petición de Karl, Simon sostuvo la mano del hombre moribundo. Simon ahuyentó las moscas y le dio a Karl un sorbo de agua, pero nunca habló. Durante la larga y terrible experiencia, Simon nunca dudó de la sinceridad de Karl o de que él lamentase verdaderamente sus crímenes. Simon dijo que la manera en que Karl hablaba era prueba suficiente de su arrepentimiento. Al final, Karl dijo:

> "Estoy aquí con mi culpabilidad. En las últimas horas de mi vida tú estás aquí conmigo. No sé quién eres, solamente sé que eres judío, y eso es suficiente... Sé que lo que te he contado es terrible. En las largas noches mientras he estado esperando la muerte, una y otra vez he anhelado hablar sobre ello con un judío y suplicar su perdón. Sólo que no sabía si quedaba algún judío... Sé que lo que estoy pidiendo es casi demasiado para ti, pero sin tu respuesta no puedo morir en paz".[3]

Con eso, Simon Wiesenthal se decidió y salió de la habitación en silencio. Durante todas las horas en que Simon Wiesenthal había estado sentado con Karl, Simon nunca pronunció una sola palabra. Aquella noche Karl Seidl murió. Karl dejó sus posesiones a Simon, pero Simon no las quiso. Contra todo pronóstico, Simon Wiesenthal sobrevivió al Holocausto. Ochenta y nueve de sus familiares no sobrevivieron; pero Simon Wiesenthal no pudo olvidar a Karl Seidl. Después de la guerra, Simon visitó a la madre de Karl para comprobar la historia de Karl. Era tal como Karl le había dicho. La madre de Karl le aseguró a Simon que su hijo era "un buen muchacho" y que nunca podría haber hecho nada malo. Una vez más, en esa ocasión, por bondad, Simon permaneció en silencio. Simon creía que, en su niñez, Karl ciertamente podría haber sido "un buen muchacho", pero Simon también llegó a la conclusión de que un grosero período de su vida le había convertido en un asesino.

Simon Wiesenthal concluye su fascinante e inolvidable historia con una pregunta igualmente fascinante e inolvidable dirigida al lector.

> ¿Debiera haberle perdonado?... ¿Fue mi silencio al lado del lecho del nazi moribundo correcto o incorrecto? Esta es una profunda pregunta moral que desafía la conciencia

del lector de este episodio, tanto como en una ocasión desafío mi corazón y mi mente... El meollo del asunto es, desde luego, la cuestión del perdón. Olvidar es algo de lo que solamente el tiempo se ocupa, pero perdonar es un acto de la voluntad, y solamente el que sufre está calificado para tomar la decisión. Usted, que acaba de leer este triste y trágico episodio en mi vida, puede mentalmente ponerse en mi lugar y hacerse usted mismo la pregunta crucial: "¿Qué habría hecho yo?".[4]

¿Es siempre posible el perdón?

Y así nos enfrentamos con un dramático desafío a las posibilidades del perdón. ¿Es siempre posible el perdón? ¿Hay algunas situaciones en las cuales el perdón es imposible? ¿Es ésta una de ellas? ¿Puede un nazi moribundo, aparentemente arrepentido, encontrar perdón para sus pecados? ¿Puede un moribundo soldado de la SS que participó en las atrocidades del Holocausto encontrar perdón de Dios? Y quizá de modo más desafiante: ¿Puede él encontrar perdón de los demás seres humanos? ¿Sería hasta permisible ofrecer perdón en este caso, o sería una traición a la justicia? Estas son el tipo de preguntas que plantea el libro *The Sunflower* de Simon Wiesenthal.

La segunda parte de *The Sunflower* es un simposio de cincuenta y tres destacados pensadores -judíos, cristianos, ateos, filósofos, profesores, rabinos, ministros y otros- que responden a la pregunta de Wiesenthal. Quienes responden entendieron la verdadera pregunta del modo siguiente: ¿Hay una manera en que una persona en la posición de Simon Wiesenthal pudiera ofrecer perdón de algún tipo a un nazi moribundo? Según mi recuento, veintiocho de ellos dijeron no, que ofrecer perdón en esta situación no es posible. Dieciséis de ellos dijeron sí, que había alguna manera en la cual se podría haber ofrecido perdón. Nueve de quienes respondieron no tenían claras sus posiciones. Curiosamente, los dieciséis que estaban a favor de alguna forma de perdón eran todos cristianos o budistas (trece cristianos y tres budistas). Entre los judíos, musulmanes y ateos que respondieron, parecía haber unanimidad al estar de acuerdo en que ofrecer perdón en esta situación era imposible.

Por el contrario, la mayoría de los cristianos que respondieron, dijeron que había una manera en la cual podría haberse ofrecido perdón. Significativamente, ningún cristiano afirmó que el perdón en esta situación fuese categóricamente imposible. No se puede evitar observar que una perspectiva cristiana aparentemente influencia de modo radical el modo en que una persona enfoca las posibilidades del perdón. Y debería subrayarse que el perdón aquí no significa perdonar en un sentido legal. Si Karl Seidl hubiera vivido, habría estado sujeto a las demandas de la justicia legal a pesar de cualquier oferta de perdón personal. El perdón aquí debería entenderse no como un perdón legal sino como una invitación a regresar a la comunidad humana. Exploraremos la relación entre perdón y justicia más adelante.

Después de sobrevivir al Holocausto y publicar *The Sunflower* en 1969, Simon Wiesenthal realiza una tarea maestra relatando su historia, y su pregunta sobre las posibilidades del perdón es importante para todos los seres humanos, pero supremamente para los cristianos, porque el perdón está en el corazón de la fe cristiana.

En la portada de mi ejemplar de *The Sunflower* está la siguiente pregunta: "Usted es un prisionero en un campo de concentración. Un soldado nazi moribundo pide su perdón. ¿Qué debería hacer usted?". Yo sentí que era importante intentar componer una respuesta. Por tanto, aunque Simon Wiesenthal nunca me hizo su pregunta personalmente, la siguiente es mi respuesta no solicitada:

> Apreciado Sr. Wiesenthal:
>
> Antes de nada, permítame decir que no me atrevo a sentarme en juicio de sus actos. Usted mostró bondad a un soldado nazi moribundo mientras sostenía su mano, espantaba las moscas y le daba agua para beber. Usted mostró una gran bondad a su madre al no destruir el recuerdo de su hijo. Y estoy de acuerdo con el teólogo

luterano Martin Marty que dice: "Los no judíos, y quizá especialmente los cristianos, no deberían dar consejos sobre la experiencia del Holocausto a sus herederos durante los próximos dos mil años. Y entonces no tendremos nada que decir. El consejo instantáneo barato por parte de un cristiano trivializaría las vidas y las muertes de millones de personas". Sin embargo, ya que usted hace la pregunta, permítame responder. No puedo decir lo que yo habría hecho, solamente lo que podría esperar haber hecho. Como cristiano, esperaría haber podido responder de una manera parecida a la siguiente a mi enemigo moribundo:

"No puedo ofrecerte perdón de parte de quienes han sufrido crímenes monstruosos de tus manos y de las manos de aquellos con quienes te alineaste voluntariamente; yo no tengo derecho a hablar por ellos. Pero lo que puedo decirte es que el perdón es posible. Hay una manera en que puedes reconciliarte con Dios, cuya imagen tú has contaminado, y hay una manera en la que seas restaurado a la raza humana, de la cual has caído. Hay una manera porque Aquel que nunca cometió ningún delito, gritó desde la cruz diciendo: 'Padre, perdónalos porque no saben lo que hacen'. Debido a que yo creo en la muerte, sepultura y resurrección de Jesucristo, creo que tu pecado no tiene por qué ser un callejón sin salida, que hay un camino hacia la reconciliación.

"El perdón del cual hablo no es un perdón barato; no es barato porque no fue barato para Jesucristo sufrir la violencia de la cruz y no ofrecer represalias, sino amor y perdón. No es un perdón barato porque requiere por tu parte un profundo arrepentimiento, incluyendo un compromiso a restituir justicia a aquellos a los que has ofendido. No hay perdón barato para tus pecados, sino que hay un perdón costoso. Si tú de verdad das la espalda a tus pecados con tristeza y miras a Cristo en fe, hay perdón, un perdón costoso que puede reconciliarte con Dios y restaurarte a la raza humana. Yo no puedo perdonarte en nombre de otros, pero en mi propio nombre y en el nombre de Jesucristo te digo que tus pecados te son perdonados. Bienvenido a la perdonadora comunidad de pecadores perdonados. Que la paz de Jesucristo sea contigo".

Eso es lo que espero que hubiera dicho. Pero por lo que sé, puede que yo hubiera tratado a un enemigo moribundo con mucha menos bondad que usted.

Con profunda admiración de su dignidad:
Brian Zahnd

Cuando leí las respuestas de las veintiocho personas que argumentaron contra la posibilidad de ofrecer perdón al nazi moribundo, encontré que muchos de sus argumentos eran muy convincentes. Sin embargo, estoy convencido de que si el perdón es imposible para un criminal de guerra arrepentido simplemente porque sus pecados son demasiado terribles, entonces el evangelio cristiano es un cuento de hadas, y bien podríamos abandonar la farsa. Pero como dice el Credo de los apóstoles: "Creo en el perdón de pecados". El cristianismo es una fe de perdón.

- La vida cristiana es una oración de perdón: "Perdónanos como nosotros perdonamos".
- La vida cristiana es un clamor sufriente por perdón: "Padre, perdónalos".
- La vida cristiana es una comisión a perdonar: "Si les remitiéreis los pecados, les son remitidos".

Por tanto, incluso ante la desafiante pregunta de Simon Wiesenthal y la solidaridad que yo pueda sentir por quienes argumentan que un judío no podría ofrecer perdón a un moribundo nazi, estoy totalmente convencido de que negar la posibilidad de perdón es negar el corazón mismo del evangelio cristiano. Las palabras de Jesús, citadas tantas veces, "para Dios todo es posible",* no sólo incluyen perdón sino especialmente pertenecen al perdón. El llamado de Cristo a tomar nuestra cruz y seguirle es muy concretamente un llamado a amar a nuestros enemigos y poner fin al círculo de venganza respondiendo con perdón.

{ Estoy convencido de que si el perdón es imposible para un criminal de guerra arrepentido simplemente porque sus pecados son demasiado terribles, entonces el evangelio cristiano es un cuento de hadas, y bien podríamos abandonar la farsa. }

Desde luego, existe un perdón barato que no vale la pena y es una afrenta a la justicia. Esencialmente, la posición budista es que la maldad es una ilusión no existente, y por eso realmente no hay nada que perdonar. Esta postura no se parece en nada a la posición cristiana. El perdón cristiano no es una barata negación de la realidad del mal ni el trillado abuso de eslóganes como "perdona y olvida". Eso puede que baste para pequeñas afrentas personales, pero es vacío y hasta insultante cuando se aplica a crímenes como el asesinato, la violación y el genocidio. No, el perdón cristiano no es barato. Por el contrario, es costoso porque fluye de la cruz: el lugar donde se encuentran la injusticia y el perdón en una violenta colisión. El perdón cristiano no nos llama a olvidar. El perdón cristiano nos permite recordar, pero nos llama a poner fin al ciclo de venganza.

* Mateo 19:26

Lecciones del maestro

He descubierto que es muy interesante preguntar a personas no cristianas lo que Jesús enseñó. Casi sin excepción mencionarán que Jesús nos enseñó a amar a nuestros enemigos. Entre los no creyentes, Jesús parece ser famoso por enseñar que sus discípulos deberían amar a sus enemigos; sin embargo, cuando pregunto a cristianos lo que Jesús enseñó, ellos rara vez hablan de este mandato. Pero creo que la intuición de los no cristianos es correcta: el énfasis de Jesús en amar a los enemigos es central a la enseñanza de Jesús, y se destaca especialmente en el Sermón del Monte. El mandamiento de amar a los enemigos es memorable porque es radical. Pero el mandamiento de amar a los enemigos es un mandamiento que nosotros, que somos seguidores de Cristo, tendemos a *olvidar* porque es muy difícil de practicar.

Sin embargo, el cristianismo del Sermón del Monte es precisamente el cristianismo que puede cambiar el mundo. El amor cristiano que se queda con el golpe y responde con perdón es la única esperanza verdadera que este mundo tiene para un verdadero cambio. Responder con odio al odio consagra el status quo y solamente garantiza que el odio vencerá; es lo que mantiene al mundo tal como está. Tendemos a pensar que el odio hacia nuestros enemigos está justificado porque podemos señalar a sus obvios delitos y, según la lógica, si nosotros estuviéramos a cargo en lugar de nuestros enemigos, las cosas serían diferentes. Pero la Historia cuenta un relato diferente. El odio, sin importar lo justificable que sea, simplemente alimenta el interminable ciclo de venganza. Nada cambia realmente a excepción de que las Indias en el mapa se trazan de nuevo. Encuentro con el nuevo jefe; el mismo viejo jefe de siempre. El cristianismo tiene más que ofrecer al mundo que una venganza reciclada.

El día 11 septiembre 2001 es un testamento al poder del odio. Aquel día, 19 hombres llenos de odio y armados con cuchillos cambiaron el mundo. Pensemos en eso.

- Diecinueve hombres
- Cuchillos
- Odio
- Cambiaron el mundo

Parece casi increíble, pero parece ser cierto.

Sin embargo, como seguidores de Jesucristo, somos llamados a creer en la radical propuesta de que el amor es más poderoso que el odio. Somos llamados a creer que aunque el odio pueda ser muy poderoso, el amor nunca falla, y que el amor es lo mayor de todo. Si odiamos a nuestros enemigos porque ellos nos odiaron primero, y devolvemos odio por odio porque eso es lo que el odio hace, seguiremos viviendo en el feo mundo del odio y su interminable ciclo de venganza. Pero cuando el amor entra en el mundo del odio y está dispuesto a amar incluso a sus enemigos, un nuevo y verdadero tipo de cambio llega al mundo: un cambio en el que el odio no tiene la última palabra. Sí, diecinueve hombres llenos de odio y armados con cuchillos cambiaron el mundo. ¿Lo hicieron? ¿Cambió el mundo, o fue aquel día simplemente la adición del último capítulo al largo legado del odio? Quizá el mundo no cambió en absoluto; quizá sea solamente lo mismo que ha estado sucediendo desde que Caín mató a Abel.

Jesucristo nos enseñó a amar a nuestros enemigos y a orar por quienes abusan de nosotros. Y Él fue ejemplo de ello hasta el extremo. Él llevó su cruz hasta el Calvario y allí perdonó a sus enemigos. Como cristianos, creemos que el Calvario es el momento y el lugar en que el mundo comenzó a cambiar. ¿Cambiaron el mundo diecinueve hombres llenos de odio y armados con cuchillos? ¿Y qué de doce hombres llenos de amor y armados de perdón? Sí, en el Aposento Alto la noche de la resurrección, Jesús sopló sobre sus discípulos y dijo: "Recibid el Espíritu Santo. A quienes remitiereis los pecados, les son remitidos".* Amar y perdonar a nuestros enemigos, ¡así es como hemos de cambiar el mundo!

Durante el Genocidio de Armenia de 1915-1917, un millón y medio de armenios fueron asesinados por turcos otomanos, y varios millones más fueron violados, localizados y deportados obligatoriamente. Del Genocidio de Armenia viene una famosa historia de un oficial del ejército turco que dirigió un asalto al hogar de una familia armenia. Asesinaron a los padres, y violaron a sus hijas. Después entregaron a las muchachas a los soldados, y el oficial se reservó a la hija mayor para él mismo. Finalmente, aquella muchacha pudo escapar y más adelante estudió para ser enfermera. En un irónico giro del destino, ella se encontró trabajando en un pabellón para oficiales del ejército turco heridos. Una noche, con la tenue luz de una linterna, ella vio entre sus pacientes la cara del hombre que había asesinado a sus padres y había abusado tan horriblemente de sus hermanas y de ella misma. Sin cuidados excepcionales, él moriría. Y eso es lo que la enfermera armenia le dio: cuidados excepcionales. Cuando el oficial comenzó a recuperarse, uno de los médicos señaló a la enfermera y le dijo al oficial:

—Si no hubiera sido por esta mujer, usted estaría muerto.

El oficial miró al enfermera y preguntó:

—¿Nos conocemos?

—Sí-respondió ella.

Después de un largo silencio, el oficial preguntó:

—¿Por qué no me mató usted?

La cristiana armenia respondió:

—Soy seguidora de Aquel que dijo: Amad a vuestros enemigos.

Ella simplemente dijo: "Soy seguidora de Aquel que dijo: Amad a vuestros enemigos". Para esta cristiana, no era necesaria ninguna otra explicación para ella, el perdón no era una opción; era un requisito.

¿Tenemos nosotros la misma convicción? ¿Vemos la práctica del perdón como sinónimo de ser cristiano? Cuando confrontamos la

* Juan 20:22-23

cuestión del perdón, finalmente tenemos que confrontar la pregunta de lo que significa ser un seguidor de Jesús. Es demasiado fácil reducir el ser cristiano a un estado conferido: el resultado de haber "aceptado a Jesús como su Salvador personal". Pero este tipo de enfoque minimalista es una burda distorsión de lo que los primeros seguidores de Jesús entendían que era ser cristiano. Los primeros cristianos no se veían meramente (o incluso principalmente) como aquellos que habían recibido de Jesús una tarjeta para "salir libres del infierno", sino como seguidores, alumnos, y discípulos de Aquel a quien ellos llamaban Maestro. Jesús era el Maestro, y ellos eran los discípulos.

Ser un discípulo de Jesús

¿Qué significa ser un discípulo? Si alguien fuese un discípulo del maestro del sitar Ravi Shankar, se supondría que esperaba aprender a tocar el sitar con gran destreza. Si alguien fuese un discípulo de un maestro del Kung Fu, se supondría que esperaba finalmente dominar el arte del Kung Fu. Por tanto, si nos llamamos a nosotros mismos discípulos de Jesús, ¿qué estamos intentando aprender? ¿Qué es lo que Jesús ofrece enseñarnos cuando prestamos atención al llamado de seguirle? ¿De qué es Maestro Jesús, lo cual nosotros queremos aprender? La respuesta es: "vida". Jesús es el Maestro de vivir bien, vivir rectamente, vivir verdaderamente. Es el Maestro de vivir una vida humana tal como Dios quiso. Y en el centro de la enseñanza de Jesús sobre cómo deberíamos vivir está el tema recurrente del amor y el perdón.

Para quienes son serios en cuanto a ser un discípulo de Jesús, serios en cuanto a aprender a vivir de la manera en que Él enseñó, el Sermón del Monte es de suprema importancia. Es ahí donde Jesús presenta su visión radical de cómo deberíamos vivir. Y no nos confundamos; es radical, tan radical que durante gran parte de la historia cristiana, la Iglesia ha ocupado a teólogos en encontrar maneras de darle un rodeo. Algunos teólogos han sugerido que Jesús realmente nunca esperaba de nosotros que viviéramos el Sermón del Monte; más bien era una enseñanza poco sincera para "impulsarnos a la gracia". Tal como sigue el argumento, al intentar vivir el Sermón del Monte sencillamente descubriríamos que no puede hacerse, y entonces buscaríamos la gracia como alternativa para obedecer a Cristo. No la gracia para vivir el Sermón del Monte, sino la gracia para *no* vivirlo

Esta interpretación es bastante inverosímil, como mínimo, pero sorprendentemente común. Otros teólogos han argumentado que el Sermón del Monte debería considerarse como actitudes del corazón, pero no como mandamientos que hay que obedecer en realidad. De modo que mientras usted tenga una actitud de amor en su corazón, realmente no tiene que ir la segunda milla ni realmente presentar la otra mejilla. Supongo que esto significa que cuando es tratado injustamente, usted puede vengarse como todos los demás, pero ha de hacerlo con una "actitud de bondad" en su corazón. Desde luego, esto convierte al cristianismo en nada más que una bonita religión de piedad privada, algo que se ha hecho regularmente a lo largo de los siglos. Pero deberíamos tener en mente que Jesús no fue crucificado por enseñar a la gente a tener una actitud alegre. Jesús fue crucificado por enseñar que había otra manera de vivir distinta a estar del lado de la religión farisaica de Israel o del brutal imperio de Roma. Debería ser obvio por una lectura sincera de los Evangelios que Jesús esperaba que sus discípulos dominasen las lecciones que Él enseñaba y realmente vivieran una vida centrada en el amor y el perdón. Y Jesús espera que sus actuales seguidores hagan lo mismo: se conviertan en discípulos del amor que dominan el arte del perdón. Jesús no estaba bajo el engaño de que esto es una vida fácil. En su sermón Él lo denominó una senda estrecha y difícil, pero también dijo que es la senda que conduce a la vida.

La protesta más común y vigorosa contra cualquier intento serio de vivir el Sermón del Monte es que no es "práctico".

{ Debería ser obvio por una lectura sincera de los Evangelios que Jesús esperaba que sus discípulos dominasen las lecciones que Él enseñaba y realmente vivieran una vida centrada en el amor y el perdón. }

¿No es práctico?

Práctico es una palabra muy utilitaria (y a veces fea). En este caso, es un código para la complicidad con el status quo y aceptar el mundo *tal como es* como la única visión legítima para la humanidad. Antes de ni siquiera poder intentar vivir el Sermón del Monte, antes debemos experimentar la liberación de nuestra imaginación. Si solamente escuchamos a los hombres "prácticos" que dirigen el mundo tal como es, terminaremos conformándonos con la anémica interpretación de que el Sermón del Monte se trata de actitudes privadas del corazón y no de la visión radical de Jesús de amor y perdón.

Debemos tener en mente que quienes nos dicen que el Sermón del Monte no es práctico son aquellos que tienen un profundo compromiso (y quizá un interés personal) con perpetuar el status quo. Esos hombres prácticos buscan controlar no sólo la manera en que el mundo se dirige sino incluso nuestra imaginación. Ellos nos dicen: "Así es la manera en que el mundo real funciona", y por tanto, buscan encerrar a Jesús en un reino "celestial" mientras ellos siguen adelante con los negocios prácticos de dirigir el mundo "real". Pero el Espíritu Santo es un liberador de imaginación, y debemos rechazar la arrogante pretensión de los principados y las potestades junto con su sangriento pragmatismo. La Iglesia, con una visión inspirada por Cristo y una imaginación liberada por el Espíritu Santo, ha de ser ese ámbito en el cual los seguidores de Jesús demuestren que los hombres prácticos están equivocados viviendo el Sermón del Monte de verdad. Para vivir el Sermón del Monte, antes tenemos que rebelarnos contra las potestades; tenemos que creer que hay otra manera de ser humano. Tenemos que creer que Jesús enseñó y fue ejemplo de esa manera.

La iglesia, con una visión inspirada por Cristo y una imaginación liberada por el Espíritu Santo, ha de ser ese ámbito en el cual los seguidores de Jesús demuestren que los hombres prácticos están equivocados viviendo el Sermón del Monte de verdad.

El siglo XX fue uno de los siglos más sangrientos y más llenos de odio de la historia de la humanidad. Fue un siglo definido por la guerra, especialmente las dos grandes Guerras: la Guerra para poner fin a todas las guerras… y la que llegó después de esa. Cuando los niños que nacieron al final de la Segunda Guerra Mundial llegaron a la mayoría de edad, comenzaron a imaginar una alternativa al odio y la guerra que habían definido la generación de sus padres, y por eso cantaban y hablaban de "amor y paz". El problema era que nadie podía vivirlo en realidad. Como Larry Norman observó con ironía: "Los Beatles dijeron que lo único que necesitas es amor, y después se separaron".[6] La generación de "amor y paz" de los años sesenta no estaba equivocada al tratar de imaginar algo mejor que un mundo lleno de odio y guerra; se equivocó al no encontrar un mesías mejor que los Beatles. Jesús no sólo hablaba sobre amor y paz; *Él lo vivió hasta el extremo.* Cuando Jesús oró para que sus enemigos fuesen perdonados cuando ellos estaban clavando sus manos, estaba viviendo su propio sermón y validando su derecho a predicarlo. Después de todo, nadie pudo atreverse a afirmar que la enseñanza de Jesús no fuese "práctica". Jesús la había vivido, había muerto por ella, y había sido reivindicado por Dios en la resurrección. Su llamado es tan vibrante y emocionante en la actualidad como lo fue hace dos mil años cuando por primera vez lo hizo a pescadores galileos: "Sígueme". Es una invitación a seguir a Jesús en su camino radical de amor a los enemigos y costoso perdón.

Si la única manera de responder a la maldad de la injusticia es la venganza, conspiramos con las potestades de las tinieblas para hacer que el mundo siga siendo un lugar feo. Por eso Jesús (¡sobre su propia autoridad!) se atrevió a revocar la Torá y alterar la ley del "ojo por ojo y diente por diente" con su mandato radical a no resistir al malvado y poner la otra mejilla. Un mundo en el cual la venganza como represalia sea la regla sigue siendo un lugar feo donde demasiadas personas están perdiendo un ojo y un diente. O, como observó Mahatma Gandhi, "el ojo por ojo deja al mundo totalmente ciego". La visión de Jesús es poner fin a la fealdad de la venganza y hacer que el mundo sea un lugar hermoso por medio de la gracia.

Gracia: la alternativa cristiana a la venganza

La gracia es la alternativa distintivamente cristiana al agotado sistema de venganza que perpetúa el dolor y deja al mundo totalmente ciego. La gracia es la idea de Dios de cómo el mundo puede ser hecho nuevo. La gracia es el motivo por el cual Jesús pudo llamar bienaventurados a los pobres y los perseguidos... a los que lloran y a los mansos. Toda la vida y el mensaje de Jesús fueron la personificación de la gracia que triunfa sobre el frío pragmatismo de un mundo donde los fuertes dominan a los débiles. El mensaje de Jesús de amor y perdón no está arraigado en un ingenuo optimismo sino en la gracia que toma la culpabilidad, cubre la vergüenza y quita la mancha y el ciclo interminable de venganza.

La gracia es el antídoto al concepto oriental de karma. El karma es la antigua idea de que todo vuelve, y no hay modo de escaparse de ello, que la retribución siempre tiene la última palabra. Pero la gracia viaja fuera de las reglas del karma y da una palabra final diferente. Desde luego, la base misma del evangelio cristiano es que, debido a lo que Cristo logró en la cruz, hay una manera de que los pecadores sean salvos de las destructivas consecuencias (karma) de sus pecados. Pero los cristianos no son sólo receptores de gracia que perdona; también somos llamados a ser quienes extienden la gracia del perdón a otros. Los cristianos han de ser portadores de gracia en un mundo maldito con karma y ciclos interminables de venganza.

{ El mensaje de Jesús de amor y perdón no está arraigado en un ingenuo optimismo sino en la gracia que toma la culpabilidad, cubre la vergüenza y quita la mancha y el ciclo interminable de venganza. }

La gracia es el gran tesoro del Reino de Dios, o como Jesús la describió en su parábola, una perla de gran precio. Esa perla es el evangelio del reino de los cielos. Es la perla del evangelio de la gracia que saca belleza de las cosas feas. Eso es lo que hace la gracia. El karma no tiene la última palabra, y la fealdad de la venganza no es la marca final que se queda en la humanidad. ¿Qué podría ser más feo que el asesinato y la violación de una indefensa familia armenia a manos de soldados turcos? Sin embargo, de ese feo episodio emerge una hermosa historia de gracia y perdón.

Así, en última instancia, para el seguidor de Cristo comprometido, la cuestión del perdón no es una cuestión de si es posible el perdón, sino de cómo podemos encontrar la gracia para ofrecer perdón. Puede que descubramos que ofrecemos perdón a los transgresores y ofensores del mismo modo que lo hizo Jesús: en medio de un gran sufrimiento. En nuestra cultura orientada hacia los sentimientos, es fácil equiparar perdón con tener ciertos sentimientos. El perdón no es un sentimiento. El perdón es la elección de poner fin al ciclo de venganza y dejar la justicia en manos de Dios. Con mucha frecuencia perdonamos a nuestros enemigos participando de los sufrimientos de Cristo, quien perdonó desde la cruz. Como dice Dietrich Bonhoeffer en *The Cost of Discipleship* [El costo del discipulado]: "El llamado a seguir a Cristo siempre significa un llamado a compartir la obra de perdonar a los hombres sus pecados. El perdón es el sufrimiento semejante al de Cristo que el cristiano tiene la obligación de llevar". Dietrich Bonhoeffer no era un ingenuo idealista que no sabía nada sobre la realidad del mal. Él escribió estas palabras durante el resurgimiento del nazismo en Alemania, y finalmente murió a manos de los nazis. La teología de Bonhoeffer del perdón se forjó en el crisol del sufrimiento real y costoso, pero para Bonhoeffer, el costo del discipulado zanjó la cuestión del perdón.

{ 2 }

LA POSIBILIDAD DEL PERDÓN

EN EL CAPÍTULO ANTERIOR vimos que el perdón plantea muchas preguntas, y que en ciertas situaciones el perdón puede ser muy, muy difícil. Pero eso no significa que el perdón, en general, se cuestione; más bien es el *alcance* del perdón lo que se cuestiona. El asunto no es si el perdón es bueno; la mayoría de personas piensa que lo es. El asunto es hasta dónde deberíamos llegar a la hora de perdonar. Supongo que nadie vive sin ofrecer ocasionalmente cierta medida de perdón a quienes le rodean. Vivir sin ofrecer nunca perdón, al menos por faltas menores, parecería que hace casi imposible seguir adelante con la vida con algún tipo de normalidad. La carga de aferrarse a cada pequeña infracción percibida o imaginada haría insoportable la vida. Hasta el alma más insensible y amargada puede que perdone a alguien por darle un pisotón. Para mantener incluso el nivel más superficial de relaciones sociales, debe haber una disposición a pasar por alto las afrentas ocasionales sin importancia. La verdadera pregunta es: ¿Hasta qué grado hemos de perdonar? ¿Hasta dónde debemos ir en el perdón? ¿Cuántas veces podemos perdonar? ¿Cuáles son las posibilidades del perdón?

Esa parecía ser la pregunta que había en la mente de Pedro cuando preguntó a Jesús: "¿Cuántas veces perdonaré a mi hermano que peque contra mí?".* Y antes de que Jesús tuviera la oportunidad de responder, Pedro planteó su propia idea con respecto al alcance del perdón: "¿Hasta siete veces?". Tengo pocas dudas de que Pedro se sintiera bastante generoso y satisfecho por lo que percibía como una magnífica oferta de perdón: ¡perdón siete veces! El siete es un número divino, así que perdonar siete veces debía de considerarse un acto divino y completaría la posibilidad del perdón. Sin duda, no se esperaría de nadie que fuese más allá de perdonar siete veces a un ofensor. Pero a estas alturas deberíamos saber que nuestra suposición acerca de lo que Jesús dirá y que Él respaldará nuestra opinión siempre están fuera de lugar. Jesús es el Cristo de la sorpresa perpetua, y quienes caminan con Jesús pronto lo descubren. Pedro ciertamente lo hizo. Podrá imaginar el asombro de Pedro cuando Jesús dijo: "No te digo hasta siete, sino aun hasta setenta veces siete".† ¡*Setenta veces siete*! Pedro no vio venir eso.

Curiosamente, hay cierta incertidumbre entre los traductores del Nuevo Testamento en cuanto a si Jesús quiso decir setenta o setenta veces siete (70 × 7).

¿Quiso decir Jesús setenta *más* siete o setenta *veces* siete? ¿Está hablando Jesús de sumar el perdón o de multiplicar el perdón? El texto griego es ambiguo. La Nueva Versión Internacional lo traduce como setenta y siete. Yo soy de la opinión de que Jesús quiso decir setenta *veces* siete, no debido a algo en el texto griego, sino debido a algo en el libro de Daniel del Antiguo Testamento. Desde luego, Jesús estaba muy familiarizado con el libro de Daniel. De hecho, parece haber sido un libro muy importante para Jesús. Él hablaba con frecuencia del Reino de Dios y utilizaba para sí mismo el título de Hijo del Hombre; ambos son temas que se originaron en este libro. Fueron las profecías de Daniel las que proporcionaron a Jesús un marco escatológico para su ministerio y un entendimiento apocalíptico de sus tiempos. En el

* Mateo 18:21
† Mateo 18:22

misterioso capítulo nueve de Daniel, el ángel Gabriel habla de setenta semanas que están decretadas para Israel, o literalmente setenta sietes.

> Setenta semanas han sido decretadas para que tu pueblo y tu santa ciudad pongan fin a sus transgresiones y pecados, pidan perdón por su maldad, establezcan para siempre la justicia, sellen la visión y la profecía, y consagren el lugar santísimo.
>
> —Daniel 9:24, NVI

Cuando el ángel Gabriel habla a Daniel sobre algo decretado para Israel que pondrá fin a la transgresión, pondrá fin al pecado, expiará la maldad y traerá justicia eterna, habla de setenta *veces* siete. Sea cual sea el significado escatológico que queramos aplicar a las setenta semanas (sietes), debería estar claro que setenta veces siete se relaciona con la expiación, el perdón y el establecimiento de justicia eterna. Setenta veces siete se convierte en una ecuación relacionada con el modo en que la humanidad deja atrás la transgresión y la retribución y pasa a un nuevo mundo de perdón y restauración. Ya que Jesús aludía tan frecuentemente a las profecías de Daniel cuando se refería a sí mismo, creo que hay poca duda de que Él era consciente del significado de setenta veces siete. La respuesta de Jesús a Pedro no fue arbitraria. Él entendía que si la expiación ha de prevalecer sobre la transgresión, entonces, según la profecía de Daniel, setenta veces siete debe ser nuestra visión para la posibilidad del perdón. Lo que estoy sugiriendo es que hay algo más que un vínculo coincidente entre las setenta veces siete de Daniel y las setenta veces siete de Jesús: los dos 490 en la Biblia. Muy curiosamente, hay otra variación de este tema en la Biblia: las vengativas setenta veces siete de Lamec.

> Que un varón mataré por mi herida, y un joven por mi golpe. Si siete veces será vengado Caín, Lamec en verdad setenta veces siete lo será.
>
> —Génesis 4:23-24

Que el hambre de venganza de Lamec aumentase de siete a setenta veces siete es la humanidad dirigiéndose en la dirección equivocada. Conduce a un mundo que es corrupto, lleno de violencia y destinado a la destrucción, una destrucción que llegó en la siguiente generación con el diluvio en tiempos de Noé. La lección debería estar clara: el hambre de venganza y el correspondiente aumento exponencial de la represalia conducen a un mundo lleno de corrupción y violencia, y destinado a la destrucción. La única manera de poner fin al pecado y restaurar el mundo es si el perdón puede multiplicarse de modo exponencial. Setenta veces siete.

Aunque no queramos pensar en el perdón a escala global o cósmica, prefiriendo mantener nuestra consideración con respecto a las posibilidades del perdón en un nivel personal, no hay manera de rodear el hecho de que Jesús desafía nuestras ideas limitadas con respecto al alcance del perdón. No siete veces. ¡Setenta veces siete!

Cuando Jesús le dice a Pedro (y a nosotros) no siete veces, sino setenta veces siete, ¿qué está diciendo? ¿No está Él diciendo que siempre debemos encontrar una manera de perdonar? ¿No está sugiriendo que las posibilidades del perdón son ilimitadas? ¿Que ser ofendido es ser llamado a perdonar? Sí, yo creo que eso es precisamente lo que Jesús nos llama a hacer. No nos equivoquemos; este llamado al perdón es extremo. Es un llamado que trasciende los límites de lo que informalmente podría considerarse como razonable. Seguir a Jesús como discípulo es convertirse en un practicante de perdón radical. El perdón convencional, el perdón fácil, el perdón razonable es aquello en que la mayoría de personas con una perspectiva racional están dispuestas a participar. Los seguidores de Cristo son llamados al perdón radical, al perdón irracional, al perdón temerario, al perdón sin límite, al perdón aparentemente imposible. Las expectativas con respecto al perdón que Jesús pone sobre sus discípulos están entre los aspectos más demandantes del discipulado cristiano, pero esas demandas no deben ser ignoradas.

Cuando Pedro sugiere perdonar siete veces, está siendo generoso y yendo más allá de lo que la mayoría está dispuesta a hacer. ¿Perdonar a la misma persona por la misma ofensa siete veces? ¿Quién se atrevería a pedir más de nosotros? Bien, Jesús lo hace. Se atreve a pedir más de nosotros. Jesús llama a sus discípulos al extremo radical de setenta veces siete. Él nos llama a desplazar los límites del perdón mucho más allá de lo que parece razonable. Este punto tiene que estar muy claro en nuestro pensamiento: Jesús *no* estaba repitiendo los consejos de la sabiduría convencional. Jesús *no* estaba llamando a un tipo de perdón que simplemente pertenece a la decencia humana. Jesús *no* estaba respaldando un concepto de perdón que ya estaba presente y se practicaba entre las personas religiosas. Jesús estaba diciendo algo nuevo. Algo extremo. Algo radical.

Jesús desafía la ley

Al vivir veinte siglos después del Sermón del Monte, es muy fácil pasar por alto lo asombroso que este sermón es en realidad. Las Bienaventuranzas no son tópicos de sabiduría convencional; son la profunda sabiduría de Dios, que va en contra de lo intuitivo, desafiando nuestras suposiciones más básicas. Todo el Sermón del Monte fue (¡y es!) un valiente desafío a las suposiciones aceptadas de la época. Consideremos el desafío de Jesús al paradigma aceptado de la represalia.

> Oísteis que fue dicho: Ojo por ojo, y diente por diente. Pero yo os digo: No resistáis al que es malo; antes, a cualquiera que te hiera en la mejilla derecha, vuélvele también la otra.
>
> —Mateo 5:38-39

Cuando Jesús dice repetidamente en el Sermón del Monte: "Oísteis que fue dicho... Pero yo os digo", se estaba atreviendo a desafiar la Torá (las Escrituras judías). Sería equivalente a que un predicador dijera en la actualidad: "Oísteis que fue dicho en la Biblia, pero yo os digo...". Por eso Jacob Neusner, en su libro *A Rabbi Talks With Jesus* [Un rabino habla con Jesús], dice: "Solamente Dios puede demandar de mí lo que Jesús pide".[1] Exactamente. En el Sermón del Monte, Jesús está haciendo la afirmación implícita de hablar con la misma autoridad que Aquel que dio la Ley en el monte Sinaí. Jesús estaba diciendo que la Ley dada en el monte Sinaí estaba siendo revocada por el sermón dado en el monte de las Bienaventuranzas. Por eso la multitud al final del sermón estaba tan sorprendida; ¡Jesús no basaba su sermón sobre la autoridad de la Torá sino sobre su *propia* autoridad!

Sobre su propia autoridad, Jesús desafía y altera la ley de Moisés. Moisés llamó a una respuesta recíproca a la injusticia y la injuria: "ojo por ojo, diente por diente, mano por mano, pie por pie, quemadura por quemadura, herida por herida, golpe por golpe".* Pero Jesús llama a la respuesta contra toda intuición de presentar la otra mejilla. En lugar de una respuesta recíproca, llama al perdón radical. Volver la otra mejilla, aunque actualmente se escuche como un tópico, sigue siendo una demanda muy difícil que nos fuerza a empujar los límites de las posibilidades del perdón. Pero los seguidores de Cristo no tiene la opción de escoger la respuesta recíproca de Moisés por encima del perdón radical de Jesús. Jesús llama a sus discípulos a un camino diferente, un camino mejor, un camino más elevado, y finalmente, un camino necesario.

{ Aunque no queramos pensar en el perdón a escala global o cósmica, prefiriendo mantener nuestra consideración con respecto a las posibilidades del perdón en un nivel personal, no hay manera de rodear el hecho de que Jesús desafía nuestras ideas limitadas con respecto al alcance del perdón. }

Sin embargo, cuando Jesús nos llama a perdonar de manera radical, no se espera de nosotros que lo hagamos a regañadientes, sino por nuestra propia experiencia de haber sido perdonados. Jesús

* Éxodo 21:23-25

y los apóstoles parecen creer que ser un receptor del infinito amor de Dios debería crear en el interior del pecador perdonado una fuente de infinita capacidad de perdonar. Perdonamos por nuestra experiencia de haber sido perdonados. Amamos infinitamente por la realidad de haber sido infinitamente amados. Amamos con el amor de Dios y perdonamos con el perdón que hemos recibido. Volvemos la otra mejilla porque Jesús oró desde la cruz: "Padre, perdónalos". Y los que han sido perdonados resulta que somos nosotros. Jesús sólo nos llama a dar lo que hemos recibido: perdón sin límite.

Por tanto, Jesús está extendiendo de modo deliberado y radical las posibilidades del perdón. Lo que Israel había de hacer con el perdón bajo Moisés es atrevidamente alterado por Jesús. Pero este llamado al perdón radical es un llamado explícitamente cristiano. No hacemos caso a este llamado porque necesariamente tenga sentido o parezca razonable, ¡sino porque es *Jesús* quien nos llama a hacerlo! Podríamos desechar el Sermón del Monte como peligrosamente ingenuo, a excepción de que es nuestro Señor quien dio el sermón.

{ Aunque la desafiante pregunta de Simon Wiesenthal sobre la posibilidad del perdón haya de respetarse, para el cristiano hay finalmente una sola respuesta: debemos encontrar una manera de perdonar. }

Como cristianos, trabajamos hacia atrás desde la resurrección. Debido a que creemos que Jesús ha sido resucitado de la muerte y reivindicado como Dios y Señor de todo, no nos atrevemos a desechar el Sermón del Monte como tópicos píos pero irrealistas. En cambio, debemos encontrar una manera de amar a nuestros enemigos, volver la otra mejilla y perdonar setenta veces siete. Es un llamado únicamente cristiano y por eso aunque la desafiante pregunta de Simon Wiesenthal sobre la posibilidad del perdón haya de respetarse, para el cristiano hay finalmente una sola respuesta: debemos encontrar una manera de perdonar.

Encontrar una manera de perdonar

Corrie ten Boom era una cristiana holandesa cuya familia estuvo implicada en ocultar y rescatar judíos holandeses durante el Holocausto y la ocupación germana de Holanda. Finalmente, la SS nazi descubrió sus actividades y fueron arrestados. El padre de Corrie ten Boom murió en la cárcel poco tiempo después del arresto. Corrie y su hermana, Betsie, fueron enviadas al desgraciadamente famoso campo de concentración en Ravensbrück, donde sufrieron hasta estar a punto de morir de hambre y la bárbara crueldad de los guardias. La querida hermana de Corrie, Betsie, murió en Ravensbrück.

Después de la guerra, Corrie regresó a Holanda para establecer centros de rehabilitación, y finalmente obtuvo reconocimiento internacional por sus libros y su obra caritativa. En 1947 estaba hablando en una iglesia en Munich, Alemania, cuando se encontró con uno de los crueles guardias de Ravensbrück, lo cual preparó la escena para una prueba suprema de las posibilidades del perdón. En su libro, *Tramp for the Lord*, Corrie ten Boom relata la historia de su encuentro.

> Fue en una iglesia en Munich donde le vi: un hombre calvo y corpulento con un abrigo gris y un sombrero de fieltro marrón que agarraba entre sus manos. La gente iba saliendo de la sala donde yo acababa de hablar, moviéndose por las filas de sillas de madera hacia la puerta trasera. Era el año 1947, y yo había llegado desde Holanda desde la derrotada Alemania con el mensaje de que Dios perdona.
>
> Era la verdad que ellos más necesitaban escuchar en aquella tierra amargada y bombardeada, y yo les di mi imagen mental favorita. Quizá porque el mar nunca está lejos de la mente de un holandés, me gusta pensar que es ahí donde fueron lanzados los pecados. Dije: "Cuando

confesamos nuestros pecados, Dios los lanza al océano más profundo, y se van para siempre. Y aunque no pueda encontrar un versículo bíblico para ello, creo que Dios entonces pone una señal allí que dice: 'PROHIBIDO PESCAR'".

Las solemnes caras me miraban fijamente, sin atreverse a creer. Nunca había preguntas después de una charla en Alemania en 1947. La gente se puso de pie en silencio, en silencio recogió sus cosas, y en silencio salió de la sala.

Y fue entonces cuando le vi, dirigiéndose hacia la salida como los demás. Vi el abrigo y el sombrero marrón; al momento siguiente, vi un uniforme azul y una gorra con visera con la bandera pirata. El recuerdo llegó enseguida: la inmensa sala con sus inmensas luces de techo; el patético montón de ropa y zapatos que había en el centro del piso; la vergüenza de caminar desnuda al lado de ese hombre. Podía ver la frágil figura de mi hermana delante de mí, con las costillas marcadas entre la piel. *¡Betsie, qué delgada estabas!*

El lugar era Ravensbrück, y el hombre que iba avanzando había sido un guardia, uno de los guardias más crueles.

Ahora él estaba delante de mí, con su mano extendida: "¡Un buen mensaje, Fraulein! Qué bueno es saber que, como usted dice, ¡todos nuestros pecados están en lo profundo del mar!".

Y yo, que había hablado tan elocuentemente de perdón, forcejeaba en mi bolsillo en lugar de agarrar aquella mano. Él no me recordaba, desde luego; ¿cómo podía él recordar a una prisionera entre aquellos miles de mujeres?

Pero yo le recordaba a él, y la fusta de cuero que se balanceaba en su cinturón. Estaba cara a cara con uno de mis captores, y mi sangre parecía congelarse.

Él me decía: "Usted mencionó Ravensbrück en su charla y yo fui un guardia allí". No, él no me recordaba.

Prosiguió: "Pero desde entonces, me he convertido en cristiano. Sé que Dios me ha perdonado por las cosas crueles que hice allí, pero me gustaría escucharlo también de sus labios. Fraulein -volvió a extender su mano-, ¿Me perdona?".

Y ahí estaba yo; yo, cuyos pecados habían sido perdonados una y otra vez, y no podía perdonar. Betsie había muerto en aquel lugar; ¿podría él borrar su lenta y terrible muerte simplemente por preguntar?

No pudieron haber sido muchos los segundos en que él estuvo ahí, con su mano extendida, pero a mí me parecieron horas mientras batallaba con lo más difícil que nunca he tenido que hacer.

Porque yo tenía que hacerlo; yo sabía eso. El mensaje de que Dios perdona tiene una condición anterior: que nosotros perdonemos a quienes nos han ofendido. Jesús dice: "Si no perdonáis a los hombres sus ofensas, tampoco vuestro Padre celestial os perdonará vuestras ofensas".

Yo lo conocía no sólo como un mandamiento de Dios, sino también como una experiencia diaria. Desde el final de la guerra yo había tenido un hogar en Holanda para víctimas de la brutalidad nazi. Aquellos que fueron capaces de perdonar a sus anteriores enemigos fueron también capaces de regresar al mundo exterior y reconstruir sus vidas, sin importar cuáles fueran las heridas físicas. Quienes albergaron su amargura siguieron siendo inválidos. Era tan sencillo y tan horrible como eso.

Y ahí seguía yo con la frialdad agarrando mi corazón. Pero el perdón no es una emoción, y yo también sabía eso. El perdón es un acto de la voluntad, y la voluntad puede funcionar a pesar de cuál sea la temperatura del corazón.

Oré en silencio: "¡Jesús, ayúdame! Puedo extender mi mano. Al menos puedo hacer eso. Suple tú el sentimiento".

Y de forma acartonada, mecánicamente, di la mano a la que se extendía hacia mí. Y cuando lo hice, tuvo lugar algo increíble. La corriente comenzó en mi hombro, bajó por mi brazo y saltó a nuestras manos unidas. Y entonces esa calidez sanadora pareció inundar todo mi ser, llenando mis ojos de lágrimas.

Yo dije: "¡Le perdono, hermano! Con todo mi corazón".

Durante un largo instante mantuvimos unidas nuestras manos el anterior guardia y la anterior prisionera. Yo nunca había conocido el amor de Dios de modo tan intenso como lo hice entonces. Pero aun así, comprendí que no era mi amor. Yo lo había intentado, y no tenía la capacidad. Fue el poder del Espíritu Santo tal como se registra en Romanos 5:5: "... porque el amor de Dios ha sido derramado en nuestros corazones por el Espíritu Santo que nos fue dado".[2]

En el capítulo anterior intenté responder la pregunta de Simon Wiesenthal sobre perdonar a un soldado de la SS nazi de manera hipotética. Hipotética, porque yo nunca he sufrido en un campo de concentración nazi. Pero Corrie ten Boom afrontó la pregunta del perdón en la cruda realidad. Ella había sufrido en un campo de muerte nazi; había perdido familiares en el Holocausto; había experimentado de primera mano la crueldad de los guardias de prisión nazis. Y a ella se le pidió perdón. No se le preguntó sobre la *posibilidad* del perdón; se le pidió que *realmente* perdonase a un nazi que la había tratado con despiadada crueldad y había contribuido a la muerte de su hermana. Y la piadosa Corrie ten Boom establece dos puntos bastante claros. En primer lugar, no fue fácil ofrecer perdón a un atormentador nazi; y en segundo lugar, como cristiana no tenía otra elección sino hacerlo.

Pero ella también establece el importante punto de que el perdón no es una emoción; es un acto de la voluntad. En un mecánico acto de la voluntad de obedecer a Jesús y ofrecer perdón, Corrie ten Boom descubrió que el amor de Dios por medio del Espíritu Santo se libera, haciendo así que el perdón sea genuino y transformador. Esto es cristianismo en su esencia. Esto es cristianismo verdadero. Esto es cristianismo, no como la sabiduría convencional de la religión civil, sino como la sabiduría, contraria a la intuición, del Sermón del Monte. Ese es el cristianismo que no es capellán del status quo sino un catalizador para un cambio profundo y positivo. ¡Ese es el cristianismo que puede cambiar el mundo!

Agentes de reconciliación

Por el Espíritu Santo, las posibilidades del perdón se extienden hasta el infinito. No somos llamados a perdonar infinitamente por nosotros mismos, pues eso sería pedir lo imposible. En cambio, somos llamados a hacer la difícil elección de perdonar como un acto de obediencia a Jesucristo, y entonces convertirnos en un canal mediante el cual el Espíritu Santo lleve el amor de Dios a un mundo profundamente quebrantado y alienado. El perdón cristiano que se ofrece setenta veces siete no es un acto del individuo solo sino un acto en concierto con la Trinidad. El perdón cristiano que empuja las posibilidades al infinito implica el amor de Dios, la resurrección de Jesucristo y el bautismo en el Espíritu Santo. En una danza sagrada con la Trinidad, nos convertimos en agentes de la reconciliación mediante la cual Dios está llevando sanidad a un mundo mutilado por lo aparentemente imperdonable.

{ Los seguidores de Cristo son llamados al perdón radical, al perdón irracional, al perdón temerario, al perdón sin límite, al perdón aparentemente imposible. }

Tyrese es un hombre de nuestra iglesia que nació con todo en contra. Su padre era afroamericano, su madre era americana nativa, y cuando tenía un año de edad sus padres lo abandonaron y posteriormente fue criado en un hogar musulmán. Al ser negro, americano nativo, musulmán huérfano en una escuela blanca en una pequeña ciudad en Kansas, Tyrese era, de muchas maneras, el forastero definitivo. Y Tyrese conoce muy bien la hostilidad que puede engendrarse de un profundo sentimiento de alienación. Ordenado ministro musulmán cuando tenía 18 años, Tyrese comenzó a establecer templos de la Ciencia Árabe en cárceles americanas. El islam era una manera en que los prisioneros de raza negra encontraban un sentimiento de pertenencia mientras al mismo tiempo se distanciaban de la cultura más amplia en la cual sentían que no tenían lugar. Pero lo que Tyrese no encontró en el islam fue un sentimiento de perdón personal: la seguridad de que Dios había perdonado sus pecados. Reconociendo que la rama del islam que él estaba llevando a las cárceles estaba más relacionada con las pandillas que con la religión genuina, Tyrese abandonó su trabajo en las cárceles.

{ El perdón no sólo abre nuevas posibilidades para el futuro; el perdón también nos da una nueva perspectiva del pasado. De alguna manera misteriosa que puede que no seamos plenamente capaces de entender, el perdón parece tener la capacidad de redimir el pasado. }

Cuando tenía treinta y tantos años, Tyrese comenzó a explorar el cristianismo, embarcándose en un viaje espiritual que finalmente le condujo a su fe en Jesucristo. Actualmente, Tyrese es pastor cristiano ordenado y dirige nuestro ministerio en las cárceles; un destacado ministerio que ha visto a miles de hombres y mujeres encarcelados poner su fe en Jesucristo y encontrar la liberación del perdón.

Recuerdo estar sentado en la mesa de un restaurante enfrente de Tyrese y decirle que quería hablar sobre raza, religión y política. Tyrese proviene de una herencia profundamente marcada por los dos mayores pecados de América: la atrocidad de la esclavitud africana y la sistemática destrucción de los americanos nativos. La herencia paterna de Tyrese llegó a América encadenada como carga en barcos de esclavos, y su herencia materna recorrió el Trail of Tears en una obligada reubicación desde Mississippi hasta Oklahoma. Añadamos a eso el trauma de ser abandonado por sus padres cuando era niño, y Tyrese tiene muchas más razones que la mayoría para estar amargado. Pero no lo está. Ni en lo más mínimo. De hecho, Tyrese es una de las personas más amorosas y amables, alegres y generosas que conozco. Tyrese siempre me saluda con una sonrisa, un abrazo y una palabra de aliento.

Cuando le pregunté cómo era que no estaba amargado con su vida, su familia o su nación, Tyrese me explicó que ciertamente hubo una época en la que tenía una profunda amargura, pero que había sido salvo de su amargura. Al haber recibido perdón en Jesucristo, él entendió que ahora tenía que ofrecer perdón a otros; entendió la naturaleza recíproca del perdón: que perdonamos como hemos sido perdonados. En resumen, Tyrese no estaba amargado porque es cristiano, un cristiano en el sentido más pleno.

A medida que Tyrese ha vivido una vida de perdón, ha visto a Dios reconciliarle con sus padres biológicos, darle una familia maravillosa y usarle para llevar gracia salvadora a miles de personas en la cárcel. Debido a que Tyrese aceptó la posibilidad del perdón, ha visto a Dios hacer que todas las cosas obren para bien en su vida. Cuando aceptamos la posibilidad del perdón, abrimos la puerta a posibilidades de sanidad que no habríamos tenido de otro modo. Escoger la posibilidad del perdón nos da nuevas posibilidades para nuestra vida. El perdón no sólo abre nuevas posibilidades para el futuro; el perdón también nos da una nueva perspectiva del pasado. De alguna manera misteriosa que puede que no seamos plenamente capaces de entender, el perdón parece tener la capacidad de redimir el pasado. Lo que de otra manera nos envenenaría, ahora tiene una cualidad redentora en nuestra vida.

También esto es parte de la posibilidad del perdón. El perdón parece tener la capacidad de alterar el sufrimiento de algo que es puramente destructivo a algo que tiene profundas cualidades redentoras. Pocos han hablado de esta misteriosa verdad con respecto al sufrimiento redentor de modo más elocuente que Aleksandr Solzhenitsyn.

Sufrimiento redentor

Aleksandr Solzhenitsyn nació en la Rusia soviética en 1918 y finalmente sería conocido para el mundo como un aclamado disidente, un brillante escritor, un laureado Premio Nobel y un importante pensador cristiano. En la primera época de su vida, Solzhenitsyn había sido un comunista devoto, pero en 1945 fue sentenciado a ocho años en un campo de trabajo soviético por referirse a Joseph Stalin como "el bigotudo" en una carta privada. Solzhenitsyn más adelante haría una crónica de los horrores del gulag en su absorbente novela *One Day in the Life of Ivan Denisovich* [Un día en la vida de Ivan Denisovich], con la cual ganó el Premio Nobel de literatura.[3]

Los ocho años en prisión de Solzhenitsyn fueron verdaderamente horribles; sin embargo, mientras estaba en la cárcel fue cuando Solzhenitsyn fue dirigido a la fe en Cristo por medio del testimonio de un creyente judío, un hombre que posteriormente murió a golpes a manos de los guardias de la prisión. El hecho de que él hubiera encontrado perdón a la vez que sufría injustamente en una cárcel soviética, y como respuesta aprendiese la gracia de perdonar, dio a Aleksandr Solzhenitsyn esa perspectiva redentora en sus años en la cárcel. En su descomunal obra, *The Gulag Archipelago* [Archipiélago Gulag], que fue denominada por la revista *TIME* como el mejor libro de no ficción del siglo XX, Solzhenitsyn aporta una perspectiva redentora a su sufrimiento personal. En la parte IV, El alma y el alambre de espino, Solzhenitsyn escribe de lo que él denomina "El ascenso".

Estás ascendiendo… Anteriormente no perdonabas a nadie. Juzgabas a las personas sin misericordia. Ahora, una comprensiva suavidad se ha convertido en el fundamento de tus juicios. Has llegado a entender tu propia debilidad y, por tanto, puedes entender la debilidad de los demás.

Las piedras crujen entre tus pies. Estamos ascendiendo…

Tu alma, que anteriormente estaba seca, ahora está lista para el sufrimiento.

¿Y qué tendría que decir entonces sobre nuestros torturadores tan evidentes? ¿Por qué el destino no los castiga? ¿Por qué prosperan? Y la única solución a esto sería que el significado de la existencia terrenal no yace, como nos hemos acostumbrado a pensar, en prosperar, sino… en el desarrollo del alma. Desde *ese* punto de vista, nuestros torturadores han sido castigados de la forma más horrible de todas: se están convirtiendo en cerdos, *se están alejando de la humanidad.*

Se me otorgó llevarme de mis años en la cárcel sobre mi espalda encorvada la cual casi se rompe bajo su carga, esta experiencia esencial: *cómo* un ser humano se vuelve malvado y *cómo* un ser humano se vuelve bueno. En la embriaguez de los éxitos de juventud, había sentido que yo era infalible y, por tanto, era cruel. En mis momentos de mayor maldad, estaba convencido de que hacía bien, y tenía una buena provisión de argumentos sistemáticos. Pero sólo cuando estaba allí tumbado sobre el podrido heno de la cárcel, sentí en mi interior los primeros atisbos de bondad. Gradualmente se me desveló que la línea que separa el bien y el mal no traspasa estados, ni clases, ni partidos políticos, sino que atraviesa cada corazón humano y todos los corazones humanos. Esta línea cambia. En nuestro interior, oscila con los años. Es imposible eliminar la maldad del mundo en su totalidad, pero es posible restringirla en el interior de cada persona.

Y por eso miro atrás a los años de mi encarcelamiento y digo, a veces para sorpresa de quienes me rodean: "¡Te bendigo, prisión!".

Alimenté mi alma allí, y digo sin duda: "¡*Te bendigo, prisión*, por haber estado en mi vida!".[4]

Debido a que Aleksandr Solzhenitsyn encontró perdón y aprendió a perdonar mientras sufría en la cárcel, pudo decir las notables palabras: "¡Te bendigo, prisión, por haber estado en mi vida!". La sorprendente posibilidad del perdón había dado a Solzhenitsyn una nueva perspectiva de su sufrimiento. Él habló de su sufrimiento como un "ascenso". Anteriormente, él nunca ofrecía perdón y juzgaba a otros sin misericordia; pero al haber encontrado perdón en el contexto del sufrimiento, Solzhenitsyn habló de su alma como "preparada" y desarrollando una "comprensiva suavidad" que le capacitó para entender y compadecerse de la debilidad de los demás.

Yo leí por primera vez estas palabras de Aleksandr Solzhenitsyn mientras ministraba en Siberia no lejos de donde había estado situado uno de los gulags de la era soviética. Me afectó profundamente. Considero *El alma y el alambre de espino* una de las cosas más conmovedoras y brillantes que haya leído jamás. Alteró para siempre el modo en que yo veía el sufrimiento al igual que la idea equivocada de que la línea que separa el bien y el mal puede situarse entre grupos de personas (hablaremos más de esto en un capítulo posterior).

Pero el punto que me gustaría subrayar aquí es que Aleksandr Solzhenitsyn salió de la cárcel siendo una persona más perdonadora y, por tanto, una mejor persona. Pero no hay que suponer que la cárcel y el sufrimiento por sí mismos tienden a hacer que las personas sean mejores y más perdonadoras. No lo hacen. Es más probable que, de hecho, las personas salgan de un encarcelamiento injusto y un sufrimiento no merecido profundamente enojadas y amargadas. Más bien, Solzhenitsyn pudo desarrollar, debido a que había encontrado por primera vez el perdón de pecados que se encuentra en Jesucristo, en su "alma preparada" una capacidad de perdón que le abrió a un mundo de nuevas posibilidades. Al haber sido perdonado, comenzó a descubrir las posibilidades del perdón.

{ Solamente el perdón tiene la capacidad de romper las cadenas de la injusticia y darnos la posibilidad de un nuevo futuro: un futuro desencadenado del pasado y libre de amargura. }

El mundo del resentimiento y la amargura es un mundo pequeño y que siempre disminuye; es un mundo en una trayectoria de colapso con la singularidad del resentimiento. La falta de perdón tiene una manera devastadora de eliminar nuevas posibilidades. Todo permanece encadenado al pasado, y la injusticia sufrida se convierte en el evento delator en la vida del alma amargada. Pero la elección de perdonar rompe la tiranía de la injusticia y la amargura que ésta busca crear.

La disciplina del amor al enemigo

El mundo del perdón es el mundo de nuevas y mayores posibilidades. Con mucha frecuencia, las personas tienen temor a perdonar porque suponen que, si perdonan, la injusticia triunfaré; sin embargo, la sabiduría de Cristo, contraria a la intuición, revela que precisamente lo opuesto es verdad. Solamente el perdón tiene la capacidad de romper las cadenas de la injusticia y darnos la posibilidad de un nuevo futuro: un futuro desencadenado del pasado y libre de amargura. Y por eso Jesús llama a sus seguidores a la demandante disciplina del amor al enemigo. Una vez más escuchamos palabras desafiantes de Jesús en el Sermón del Monte.

> Oísteis que fue dicho: Amarás a tu prójimo, y aborrecerás a tu enemigo. Pero yo os digo: Amad a vuestros enemigos, bendecid a los que os maldicen, haced bien a los que os aborrecen, y orad por los que os ultrajan y os persiguen; para que seáis hijos de vuestro Padre que está en los cielos.
>
> —Mateo 5:43-45

Nikolai Velimirovic fue un obispo ortodoxo serbio que, durante la Segunda Guerra Mundial y la ocupación alemana de Yugoslavia, enseñó contra las maldades del nazismo a los sacerdotes que estaban bajo su cargo. Fue traicionado por uno de los sacerdotes, arrestado y enviado al campo de concentración en Dachau. Fue en Dachau donde Nikolai Velimirovic aprendió a orar por sus perseguidores enemigos y, sobre todo, por el hombre que le había traicionado. Como prisionero en Dachau, Velimirovic compuso una oración conocida como "Oración por críticos y enemigos".

> Bendice a mis enemigos, Señor. Incluso yo los bendigo y no los maldigo. Los enemigos me han conducido a tu abrazo más que mis amigos. Los amigos me han atado a la tierra; los enemigos me han liberado de la tierra y han destruido todas mis aspiraciones en el mundo.
>
> Los enemigos me han hecho extranjero en esferas terrenales y ajeno habitante del mundo.
>
> Al igual que un animal perseguido encuentra un refugio más seguro que un animal no perseguido, así ha sucedido que yo, perseguido por enemigos, encontré el santuario más seguro, al haberme instalado bajo su

tabernáculo donde ni amigos ni enemigos pueden matar mi alma.

Bendice a mis enemigos, Señor. Incluso yo los bendigo y no los maldigo.

Ellos, y no yo, han confesado mis pecados delante del mundo. Ellos me han castigado siempre que yo he dudado en castigarme a mí mismo. Ellos me han atormentado siempre que yo he intentado huir de los tormentos. Ellos me han reñido siempre que yo me he elogiado a mí mismo. Ellos me han escupido siempre que yo me he llenado de arrogancia. Bendice a mis enemigos, Señor. Incluso yo los bendigo y no los maldigo.

Siempre que me he hecho sabio a mí mismo, ellos me han llamado necio. Siempre que me he hecho a mí mismo poderoso, ellos se han burlado de mí como si fuese una mosca.

Siempre que he querido dirigir a personas, ellos me han empujado al segundo plano.

Siempre que me ha apresurado a enriquecerme, ellos lo han evitado con mano de hierro.

Siempre que pensé que dormiría en paz, ellos me han despertado del sueño.

Siempre que he intentado construir un hogar para tener una vida larga y tranquila, ellos lo han derribado y me ha sacado de él.

Verdaderamente, los enemigos me han liberado del mal y han hecho que extienda mis manos hasta el borde de tu vestido.

Bendice a mis enemigos, Señor. Incluso yo los bendigo y no los maldigo.

Bendícelos y multiplícalos; multiplícalos y haz que estén aún más amargados contra mí:

Para que mi voluntad huidiza no regrese; para que toda mi esperanza en los hombres sea esparcida como telarañas; para que la absoluta serenidad pueda comenzar a reinar en mi alma; para que mi corazón pueda convertirse en la tumba de mis dos males gemelos: arrogancia y enojo.

Para que pueda acumular todo mi tesoro en el cielo; y para que pueda, de una vez por todas, ser liberado del autoengaño, que me ha enredado en la horrible red de la vida ilusoria.

Los enemigos me han enseñado a saber lo que casi nadie sabe: que una persona no tiene enemigo alguno en el mundo excepto él mismo. Uno odia a sus enemigos sólo cuando no comprende que no son enemigos, sino amigos crueles.

Es verdaderamente difícil para mí decir quién me ha hecho más bien y quién me ha hecho más mal en el mundo: amigos o enemigos. Por tanto, bendice, oh Señor, tanto a mis amigos como a mis enemigos. Un esclavo maldice a los enemigos, porque no entiende; pero un hijo los bendice, porque entiende.

Porque un hijo sabe que sus enemigos no pueden tocar su vida; por tanto, camina libremente entre ellos y ora a Dios por ellos. Bendice a mis enemigos, Señor. Incluso yo los bendigo y no los maldigo.[5]

No estoy seguro de poder hacer toda esa oración. No estoy seguro de querer que mis enemigos aumenten. No estoy seguro de querer que mis enemigos tengan aún más amargura contra mí. Pero reconozco totalmente que esa notable oración de un obispo ortodoxo serbio está llena de profunda sabiduría y rebosa el tipo de cristianismo que está firmemente arraigado en el Sermón del Monte. Casi cada línea contiene algo de la sabiduría contraria a la intuición que caracterizaba la enseñanza de Jesús. Reconozco el aroma del

Espíritu Santo en esa oración. Es una oración que me recuerda las infinitas posibilidades del perdón. Es una oración que me recuerda que el Sermón del Monte trasciende a los cómodos límites de la sabiduría convencional. Esa oración me recuerda que el mandamiento de Cristo con respecto al perdón no es la generosa oferta de siete veces, sino el compromiso radical y absurdo de perdonar setenta veces siete.

{3}

LA IMITACIÓN DE CRISTO

EN LA PARTE NORDESTE de la vieja ciudad de Jerusalén hay una puerta que conduce a la Vía Dolorosa, conocida como Puerta de San Esteban. Se llama así porque se cree que está cerca del lugar donde el primer mártir cristiano, Esteban, fue apedreado hasta morir (su historia se relata en Hechos 7). Yo he entrado y salido por esa puerta docenas de veces, y siempre que lo hago no puedo evitar pensar en el apedreamiento de Esteban y su imitación de Cristo mientras moría. La Puerta de San Esteban es un lugar caracterizado por el enojo. El enojo y la animosidad por el aparentemente interminable conflicto israelí-palestino se evidencia con frecuencia alrededor de la Puerta de San Esteban; es un lugar donde siempre hay tensión en el aire. Hoy mismo leí sobre otro "incidente" de lanzamiento de piedras en ese lugar. Es el tipo de lugar donde no es difícil imaginar a una turba enojada que se convierte enseguida en un delirio religioso que desata su ira con violencia. Eso es precisamente lo que condujo a la muerte de Esteban, y dio a Esteban una oportunidad de imitar a Cristo.

Esteban era un diácono que servía en la iglesia en Jerusalén en los primeros días después de la resurrección de Jesús. Como predicador, era un valiente y elocuente testigo de que Jesús era el Mesías de Israel.

Cuando Esteban fue acusado de blasfemia por predicar a Jesús como Mesías, fue llevado obligatoriamente afuera de los muros de la ciudad para ser ejecutado por apedreamiento: el castigo que se mandaba en la Torá para los blasfemos. Cuando las piedras comenzaron a volar, Esteban comenzó a hacer una notable oración. La oración de Esteban es una sorprendente imitación de Cristo, quien, unos años antes y no lejos de donde Esteban estaba siendo ejecutado, había orado: "Padre, perdónalos porque no saben lo que hacen".* La oración de Esteban fue parecida. No fue una oración imprecatoria pidiendo maldiciones sobre sus perseguidores, sino una oración de perdón. Las últimas palabras de Esteban fueron las siguientes: "Señor, no les tomes en cuenta este pecado".† ¡Qué impecable imitación de Cristo! Encontramos a Esteban, con su último aliento, orando por el perdón de aquellos que injustamente le estaban matando. Esteban, al igual que Jesús, hizo milagros, pero Esteban no imitó nunca a Cristo de modo más pleno que en su oración de perdón mientras moría.

¿PERDÓN O VENGANZA?

Quiero contrastar las oraciones de perdón mientras morían de Jesús y Esteban con las famosas últimas palabras de Matatías. Matatías fue un sacerdote judío en el siglo II a. C. y padre del héroe judío Judas Macabeo. En aquella época, la nación judía estaba oprimida por el rey seleúcida griego Antíoco Epifanes. Se levantó una revuelta contra los seleúcidas en el año 167 a. C., cuando Matatías mató a un judío helenista que se prestó voluntario para ofrecer un sacrificio a los dioses griegos. Un año después, cuando Matatías fue llevado a la muerte, encargó a sus hijos: "Venguen el mal hecho a su pueblo. Háganselo pagar a los gentiles".[1]

El tercer hijo de Matatías, Judas Macabeo, se convirtió en el líder de una guerrilla de algún modo exitosa contra los opresores seleúcidas. (*Macabeo* significa "martillo"). Muchos judíos pensaron que

* Lucas 23:34

† Hechos 7:60

quizá él fuese el Mesías que habían estado esperando; pero él no iba a serlo. Judas Macabeo terminó haciendo un tratado con los romanos, y los romanos terminaron siendo igual de opresivos que los griegos. Ciento sesenta años más tarde, cuando nació un niño en Belén y fue puesto en un pesebre, Judas el Martillo era el prototipo de Mesías vengador que Israel esperaba que apareciese en cualquier momento. La versión macabea del Mesías era un justiciero de ofensas que haría pagar, tomaría la espada y prevalecería en batalla contra los opresores gentiles de Israel. En el siglo I, Israel anhelaba la segunda venida de Judas el Martillo, quien los liberaría de los presentes opresores: los romanos.

Pero Jesús de Nazaret no encajaba en el prototipo de Judas Macabeo; Él no llegó como un Mesías vengador; no llegó para hacer pagar, no llegó para tomar la espada o el martillo contra los enemigos nacionales de Israel. No vino para ser la segunda venida de "El Martillo". Y, en parte, por eso la élite religiosa y política de Israel rechazó a Jesús como Mesías, pues no encajaba en la expectativa predeterminada de un Mesías vengador. Jesús no era el Martillo de Dios: Él era el Cordero de Dios.

Pero no sólo la élite política y religiosa en la sociedad del siglo I en Israel era quien buscaba y esperaba un Mesías vengador, un Mesías que emplearía el martillo contra los enemigos nacionales de Israel. Esta actitud enojada y vengadora también estaba generalizada entre los propios discípulos de Jesús. Cuando un pueblo samaritano rechazó a Jesús, los discípulos Juan y Santiago, a quienes Jesús había puesto correctamente el sobrenombre de "hijos del trueno", quisieron hacer descender fuego del cielo y vengar el insulto. Jesús reprendió a los hijos del trueno, diciéndoles que no sabían qué tipo de espíritu les motivaba. Santiago y Juan tenían que aprender que Jesús no era un Mesías que "sorprendería" a sus enemigos con el martillo de la violencia. En cambio, había venido para amar y perdonar a sus enemigos.

El revolucionario manifiesto de Jesús no fue el discurso provocador de guerra de Matatías sino el Sermón del Monte, que era profundamente contrario a la intuición. Pero muchos, sinceramente, quedaron decepcionados por esa versión "débil" de Mesías. Incluso entre los propios discípulos de Jesús la decepción era evidente, y quizá por eso Pedro negase conocer a Jesús después de su arresto en el huerto de Getsemaní. Él estaba preparado para luchar hasta la muerte, y sacó su espada y cortó la oreja de un soldado que arrestaba a Jesús. Debió de haber quedado amargamente decepcionado y desilusionado cuando Jesús le dijo que apartarse la espada y permitiese que se lo llevaran sin pelear. Sólo después de la resurrección fue cuando los discípulos cambiaron su opinión y reconocieron que Dios había reivindicado a este *débil* Mesías y le había hecho Rey de reyes y Señor de señores.

Judas Macabeo era el martillo de Dios. Jesús de Nazaret era el Cordero de Dios. Ambas son visiones contrarias del Mesías. Uno es un mesías vengador que lleva el martillo contra los enemigos nacionales de Israel; el otro es un Siervo Sufriente que entrega su vida como un cordero para ser llevado al matadero. Uno perpetúa el ciclo de venganza con su martillo, y el otro pone fin al ciclo de venganza con su cruz. Debemos escoger qué visión del Mesías aceptaremos. El cielo emite su veredicto cuando declara: "Digno es el Cordero".*

Si Jesús hubiera satisfecho el hambre de venganza presente en los planes nacionalistas de Israel convirtiéndose en un Mesías militar como Judas Macabeo, nada realmente habría cambiado. Sin duda, eso *podría* haber conducido a Israel a una victoria militar sobre sus opresores romanos, pero sólo habría perpetuado el sangriento ciclo de venganza. En lugar de Babilonia, Persia, Grecia o Roma como el monstruoso opresor, Israel habría tenido su oportunidad de gobernar el mundo con la espada. Pero ¿qué habría cambiado eso? Realmente nada; solamente en nombre del último imperio gobernante: "Conozca al nuevo jefe, el mismo que el viejo jefe". Jesús no vino para conquistar el mundo con una espada; vino para salvar al mundo con una cruz. No vino para perpetuar el sistema de venganza. Vino para

* Apocalipsis 5:12

poner fin al sangriento y vicioso ciclo de represalias absorbiendo el golpe y perdonando a los enemigos. Vino para reconciliar a judíos y gentiles en una nueva humanidad, una nueva humanidad formada en la cruz.*

{ Jesús no vino para conquistar el mundo con una espada; vino para salvar al mundo con una cruz. }

Y este es el Mesías a quien Esteban se atrevió a imitar cuando, en lugar de reclamar venganza, como Matatías había hecho, oró para que sus ejecutores fuesen perdonados, como Jesús había hecho. Esteban no justificó los actos injustos de quienes le apedreaban (lo llamó pecado), sino que pidió que ese pecado no les fuese cargado. Se cometió un delito contra Esteban, pero delante de Dios, Esteban no quiso presentar cargos. ¡Increíble! Es la imitación de Cristo.

Una imitación viva de Cristo

Cuando escogemos perdonar a quienes nos hacen daño con intención y malicia, en lugar de perpetuar el ciclo de venganza nos convertimos en una imitación viva de Jesucristo. Y cuando lo hacemos, ayudamos a inundar un mundo lleno de represalias con un perdón que quita el pecado. El mundo está demasiado lleno de hambre de venganza. Este hambre es, en última instancia, de naturaleza demoniaca y es lo que alimenta todas nuestras guerras, desde los pequeños conflictos personales hasta las mortales guerras mundiales. Los cristianos son llamados a salir del juego de ajustar cuentas. El dicho dice que "la venganza es dulce", pero la venganza es dulce sólo para el alma enferma. Para quienes han usado la gracia de Dios en Cristo,

* Efesios 2:12

la venganza es tan amarga como la bilis. Bob Dylan habla sobre la perversidad de llamar "dulce" a la venganza en su infravalorada canción "Dark Eyes".

> Me dicen que sea discreto para todos los propósitos deseados, Me dicen que la venganza es dulce, y desde donde ellos están, estoy seguro de que lo es. Pero no siento nada por su juego en el que la belleza no se reconoce, Lo único que siento es calor y fuego, y todo lo que veo son ojos oscuros.[2]

La venganza no es dulce. Es el calor y las llamas del infierno, y conduce a los ojos oscuros de un alma perdida. Aquellos que quieran aspirar a imitar a Cristo no deben sentir nada por el juego de la represalias. El dicho "las represalias son un infierno" es cierto en más de un sentido. La represalias no son sólo un infierno para quien recibe la venganza; la represalias también son un infierno para el ejecutor de la venganza. Es el hambre de venganza lo que destruye nuestras almas y nos mantiene encadenados a un infierno demoníaco de odio exponencial e interminable retribución. La única manera de salir es la imitación de Cristo.

Para muchas personas, católicos y protestantes igualmente, el Papa Juan Pablo II fue una imitación viva de Cristo. Juan Pablo II imitó a Cristo en su humildad, en su abrazo a los pobres y los oprimidos, y en su paciente aguante del sufrimiento. Pero cuando imitó a Cristo más plenamente fue cuando perdonó al hombre que había intentado matarle.

El 13 de mayo de 1981, Mehmet Ali Agca, un musulmán turco, se acercó al Papa Juan Pablo II cuando éste se movía en un desfile abierto por la plaza de S. Pedro en Roma. Y al estar a sólo unos metros de distancia, Ali Agca disparó una pistola varias veces, hiriendo críticamente al Papa cuando cuatro balas dieron contra su pecho, su brazo derecho y su mano izquierda. Ali Agca fue detenido de inmediato, y el Papa gravemente herido fue llevado al hospital. Juan Pablo II pasó veintidós días en el hospital recuperándose del ataque de Ali Agca. En su primera declaración después del intento de asesinato, Juan Pablo pidió a la gente: "Oren por mi hermano [Ali Agca], a quien he perdonado sinceramente". Y si usted se inclina a descartar la frase sólo como "lo que los papas han de hacer", permítame sugerir que hasta hace poco tiempo esa *no* es la manera en que se esperaría que un Papa respondiera a un intento de asesinato.

Dos años después, Juan Pablo II visitó a Ali Agca en la cárcel. En una sala privada, los dos hombres se sentaron frente a frente, cara a cara, el Papa agarrando la mano de su potencial asesino... y perdonándole. Al igual que el intento de asesinato, este acto de perdón fue un acontecimiento del que se habló en todo el mundo.

Hay dos imágenes fotográficas que son un icono y que surgieron de esos dos dramáticos encuentros del Papa Juan Pablo II y Mehmet Ali Agca. La primera es una fotografía de la sorprendida cara del Papa Juan Pablo II, con su túnica papal salpicada de sangre justamente después de haber recibido los disparos. La segunda es una fotografía de la sorprendida cara de Mehmet Ali Agca cuando el Papa se reunió con él en la cárcel y le perdonó. En ambas fotografías, una cara sorprendida parece estar haciendo la misma pregunta: "¿Por qué?".

Dos imágenes simbólicas. Dos rostros interrogatorios. La primera registrando el asombro de ser la víctima de una violencia inesperada y no merecida. La segunda registrando el asombro de ser el receptor de un perdón inesperado y no merecido. La segunda imagen (la de Juan Pablo II perdonando a un visiblemente conmovido Ali Agca) fue portada del ejemplar del 9 enero de 1984 de la revista *TIME*, con el subtítulo: "¿Por qué perdonar? ¿Por qué? Las susurrantes palabras de perdón del Papa a su potencial asesino fueron un toque de trompeta para el mundo: *¡Esta es la imagen de Jesús! ¡Esto es el cristianismo! ¡Esto es lo que hacen los cristianos!*

Durante los siguientes veinte años, el Papa no sólo se hizo amigo de Ali Agca sino también de la familia de Agca. Cuando Ali Agca fue liberado de la cárcel en 2006, sostenía en alto un ejemplar de la famosa revista *TIME* y llamó amigo al hombre al que había intentado asesinar. No puedo pensar en un mejor ejemplo contemporáneo de un cristiano imitando a Cristo que el del perdón del Papa a Ali Agca.

El artista cristiano Steve Taylor escribió una canción sobre el Papa Juan Pablo II y Mehmet Ali Agca, la cual aborda la pregunta planteada en la portada de la revista *TIME*: "¿Por qué perdonar?".

> Vi a un hombre
> Agarraba la mano
> Que había disparado una pistola contra su corazón...
>
> Vi los ojos
> Y la expresión de sorpresa
> Cuando él dejó una huella indeleble...
>
> Sigue su ejemplo
> Que la locura retroceda
> Cuando destrocemos el ciclo del dolor...
>
> Ven y encuentra libertad
> Ve y haz la paz
>
> Vi a un hombre
> Con un agujero en su mano
> Que podía ofrecer la cura milagrosa...
>
> Oh, ¿viviremos
> para perdonar?[3]

Oh, ¿viviremos para perdonar? Esa puede que sea la pregunta más desafiante que los seguidores de Cristo afrontan. Jesús oró para que sus atormentadores fuesen perdonados cuando podría haber llamado a ángeles vengadores. Esteban oró para que sus ejecutores fuesen perdonados en lugar de reclamar venganza y represalia como Matatías había hecho. El Papa Juan Pablo II ofreció perdón cuando sostuvo la mano del hombre que había disparado una pistola contra su corazón. Ellos son Cristo y sus imitadores, antiguos y modernos. Seguir su ejemplo, hacer que la locura retroceda y destrozar el ciclo de dolor es lo que significa llevar el perdón cristiano a un mundo obsesionado con la venganza.

¿Quién es tu Ali Agca?

En otra época, un papa que fuese atacado por un fanático musulmán habría respondido con su propia forma de violencia, que con toda probabilidad habría llegado a convertirse en una santa guerra cristiana y una jihad islámica. La violencia habría ganado. La venganza habría ganado. Satanás habría ganado. Pero el Papa Juan Pablo II no respondió a la violencia con violencia, a la venganza con venganza, a los caminos satánicos con caminos satánicos. En cambio, él imitó a Cristo, recibió el golpe, amó a su enemigo, perdonó a su asaltante, venció el mal con bien y convirtió la fealdad de la violencia de inspiración religiosa en la belleza del perdón semejante a Cristo.

En su odio, Ali Agca disparó balas de odio al cuerpo de Juan Pablo II, y aunque las balas casi se llevaron la vida del Papa, el odio nunca tocó su alma. Juan Pablo II respondió con palabras susurradas de amor y perdón, palabras que se quedaron en el alma de Ali Agca. Esas palabras parecen haber transformado a ese turbulento hombre. Sin duda, hicieron que multitudes en todo el mundo meditaran en las posibilidades del perdón.

Por tanto, aquí está mi pregunta para usted. ¿Quién es su Ali Agca? ¿Quién ha disparado la pistola del odio a su corazón? Afortunadamente, a usted no le han disparado balas reales, ¿pero quién no ha recibido un disparo en el corazón con palabras odiosas, palabras que tienen el potencial de envenenar su mente y arruinar su alma? ¿Aumentará usted la violencia y perpetuará el ciclo de venganza, ya sea en acto o en actitud, o imitará a Cristo, a Esteban y a Juan Pablo II? ¿Absorberá usted el golpe, perdonará al autor, y pondrá fin al ciclo de venganza? No, no es fácil. De hecho, puede que sea lo más difícil que somos llamados a hacer al seguir a Cristo. Pero también puede ser la manera más precisa en que imitamos a Cristo y nos volvemos genuinamente similares a Cristo, que es lo que significa ser cristiano.

¿Quién es su Ali Agca? ¿Aumentará usted la violencia y perpetuará el ciclo de venganza, ya sea en acto o en actitud, o absorberá el golpe, perdonará al autor, y pondrá fin al ciclo de venganza?

Usted puede convertirse en *un* cristiano en un instante; pero convertirse en cristiano es otro asunto. En nuestras iglesias evangélicas somos muy adeptos a enseñar a la gente cómo convertirse en *un* cristiano, cómo recibir el perdón disponible en Cristo. No hemos sido tan adeptos a enseñar a las personas cómo convertirse en cristianas, como llegar a ser semejantes a Cristo de manera que ayude a inundar de la gracia del perdón un mundo inclinado hacia la venganza. Pero cuando usted lea el Nuevo Testamento, descubrirá que Cristo y sus apóstoles ponen mucho más énfasis en convertirse en cristiano que en convertirse en *un* cristiano.

Me temo que nos hemos contentado con la autofelicitación de convertirnos en *un* cristiano, cuando el llamado del discipulado es a convertirnos en cristianos, a ser semejantes a Cristo, a llegar a ser imitadores de Cristo en un mundo caído donde la verdadera imitación de Cristo es radicalmente contracultural y contradice profundamente la intuición. Afrontar el odio con odio, la venganza con venganza o la violencia con violencia es el camino del mundo caído, el camino de los ángeles caídos, el camino del hombre caído. Es el camino que parece derecho, pero siempre termina en muerte.*

El camino de Cristo es el camino de la cruz y de la misericordia radical que conducen a la vida eterna. Pero en nuestras mentes no

* Proverbios 14:12

renovadas, nos vemos infinitamente atraídos al camino de Judas el martillo: el mesías vigilante.

El camino de Jesús el Cordero que entrega su vida para absorber el golpe y poner fin al ciclo vicioso parece un consentimiento suicida del mal; y lo es, a menos que creamos en la intervención de Dios mediante la resurrección. Por eso la cruz de Cristo es un escándalo; es decir, a menos que creamos en la reivindicación de la resurrección. El apóstol Pablo entendió esto cuando habló de la ofensa de la cruz en Gálatas 5:11. La palabra griega para ofensa es *skandalon* o escándalo. Sí, hay un escándalo en la cruz.

La Cruz es un escándalo a todos los niveles
Un rey con una corona de espinos
Un desfile de muerte procesional
Aclamación mediante insulto
Una macabra coronación.

La Cruz es un escándalo a todos los niveles
¿Dices que él ganó una guerra?
No se puede ganar una guerra de esa manera
Hay que matar para ganar una guerra
¿Quien podría ganar una guerra de esa manera?

La Cruz es un escándalo a todos los niveles
Ama a tu enemigo
Perdona a tu enemigo
Reconcíliate con tu enemigo
¿Quien ha oído tal locura?

La Cruz es un escándalo a todos los niveles
"Toma tu cruz y sígueme"
¿Quien firmaría para eso?

Prométeme placer y riquezas
No declares que venga y muera.

La Cruz es un escándalo a todos los niveles
Anhelamos gloria y se nos da eso
Buscamos un reino y obtenemos eso
¿El reino glorioso de un rey crucificado?
Queremos oro y plata, éxito y esplendor.

La Cruz es un escándalo a todos los niveles
Faraón lo hizo primero
Alejandro lo hizo grande
César lo hizo mejor
Pero no un conquistador crucificado.

La Cruz es un escándalo a todos los niveles
Danos espada y escudo
Algo con lo que podamos ganar
No brazos extendidos
Y un costado traspasado.

La Cruz es un escándalo a todos los niveles
No sorprende que los seguidores huyeran
¿Que quedaba para seguir?
Es la definitiva calle sin salida
Es de sentido común huir de eso.

La Cruz es un escándalo a todos los niveles
¿Dices que es el camino que conduce a la vida?
Obviamente, es el camino de muerte
Y cuando estás muerto, la historia termina
A menos que creas lo que las necias mujeres dijeron.[4]

Creer la historia de la resurrección de las "necias mujeres" es creer el evangelio cristiano. Es también el modo de convertirse en *un* cristiano, pero imitar a Cristo en su versión radical de amor crucificado y costoso perdón es el modo de convertirse en cristiano. Creer en la resurrección del Mesías crucificado es el modo de convertirse en *un* cristiano; tomar la cruz e imitar al Mesías crucificado es el modo de convertirse en cristiano. No permita que el artículo indefinido *un* le evite embarcarse en el difícil viaje de convertirse en cristiano y ser verdaderamente semejante a Cristo. El llamado del discipulado es a convertirse en cristiano; cristiano no como un estado, sino como la imitación de Cristo.

Por tanto, le preguntó de nuevo: ¿Quién es su Ali Agca? ¿Quién es la persona que ha disparado la pistola de palabras odiosas (o peor) a su corazón? ¿Un anterior amigo? ¿Un compañero de trabajo? ¿Un ex cónyuge? ¿Un verdadero enemigo? ¿Y qué ha hecho usted con su Ali Agca? Quizá él o ella hayan sido encerrados en su cárcel personal de resentimiento, su mazmorra de castigo privado. ¿Se atreverá a imitar al Papa Juan Pablo II, quien imitó a Cristo? ¿Irá usted hasta su Ali Agca y se atreverá a susurrar palabras de perdón? ¿O mantendrá a su Ali Agca encerrado hasta que usted haya cobrado el último céntimo de su venganza?

Asuntos de injusticia

En Mateo 18 Jesús relata la memorable parábola de un sirviente que debía a su amo la cantidad fantásticamente absurda de diez mil talentos, una cantidad equivalente a mil años de salario como sirviente. ¡Una deuda tan enorme que serían necesarias al menos doscientas vidas para poder pagar! Cuando el sirviente endeudado y su familia iban a ser vendidos como esclavos, él cayó de rodillas y suplicó paciencia y tiempo para pagar. ¿Cuánto tiempo? ¿Quizá doscientos años? Como respuesta, el benevolente amo perdonó al sirviente toda su deuda.

Pero en lugar de convertirse en una persona generosa y perdonadora por medio de su encuentro con una misericordia extravagante, el sirviente salió y se encontró con otro sirviente que le debía cien denarios (equivalente a cien días de salario). Eso, desde luego, está lejos de ser una cantidad insignificante, pero no es nada en comparación con los diez mil talentos que a él le habían perdonado. Agarró por la garganta a su deudor y demandó el pago inmediato. Cuando el otro siervo fue incapaz de pagar, él hizo que lo metieran en la cárcel. Cuando el amo se enteró de su atroz conducta, hizo venir al sirviente, le llamó *malvado*, y dijo lo siguiente: "Toda aquella deuda te perdoné, porque me rogaste. ¿No debías tú también tener misericordia de tu consiervo, como yo tuve misericordia de ti?".*

El amo entonces hizo que el sirviente ingrato fuese entregado a los carceleros hasta que pagase toda su deuda. Jesús concluye la parábola con las siguientes escalofriantes palabras: "Así también mi Padre celestial hará con vosotros si no perdonáis de todo corazón cada uno a su hermano sus ofensas".†

En asuntos de injusticia, tendemos a pensar que hay sólo dos opciones: pago o castigo. Hay que hacer pagar al autor de la injusticia y, si no puede pagar, entonces debe ser castigado. Pago o castigo. O como lo denomina Rachel Tulloch, reparación o retribución.[5] Esta era la falsa dicotomía del sirviente en la parábola de Jesús. Cuando se descubrió la deuda de otro sirviente, él demandó pago en primer lugar, y cuando el pago no era posible, insistió en el castigo. Y sin embargo, este sirviente malvado (es así como Jesús le llama) debería haber sabido que había otra opción: perdón. Debería haber conocido la opción del perdón *porque él había sido un receptor de perdón extravagante.*

Ser el receptor del extravagante perdón de Dios en Cristo Jesús sitúa en el receptor la obligación de convertirse en el tipo de persona que acepta la tercera opción, que no es ni el pago ni el castigo, sino la opción del perdón. Pero este no es un perdón barato. Hay una verdadera pérdida. En la parábola de Jesús, el amo estuvo dispuesto a perder la inimaginable cantidad de diez mil talentos a fin de perdonar

---

* Mateo 18:32-33

† Mateo 18:35

al sirviente y que siguiera siendo un hombre libre. El amo dijo, en efecto: "Yo sufriré la pérdida, soportaré el dolor, a fin de que puedas seguir siendo un hombre libre en la comunidad humana". Pero su pérdida fue sustancial. Y para que esto no se malentienda como una oferta de gracia barata, debemos recordar que en el centro de la oferta de Dios de perdón está la cruz de Cristo.

Pero entendamos la cruz de Cristo correctamente. La cruz de Cristo es menos el pago de una deuda y más la absorción de la injusticia. En la parábola, el amo no recibe el pago; él simplemente absorbe la pérdida. Solamente mediante absorber el dolor de su pérdida él puede ofrecer perdón al deudor. Sin duda alguna, el perdón de grandes ofensas nunca es barato, sino siempre doloroso porque alguien debe soportar la pérdida. Pero cuando el sirviente perdonado encarceló al otro sirviente porque no podía pagarle, salió del mundo de la gracia y entró de nuevo en el mundo de la retribución, donde cada centavo cuenta y cada deudor debe pagar o ser castigado. Su hambre por recibir el pago había quebrantado la ley de la gracia recíproca establecida en el Padrenuestro: "Y perdónanos nuestras deudas, como también nosotros perdonamos a nuestros deudores".* Al volver a la dicotomía del pago o castigo, se había lanzado a sí mismo al tortuoso mundo de la venganza reciclada.

En su ensayo sobre "El dolor del perdón", Rachel Tulloch disipa la falsa dicotomía de la reparación o retribución al igual que el deterioro del perdón que se convierte en gracia barata.

> Nunca puede lograrse justicia sólo mediante reparación o retribución porque, al igual que las deudas del sirviente, las verdaderas ofensas nunca pueden pagarse. El daño y el dolor causados no son reversibles. Castigar a la persona culpable tampoco deshace el daño, aunque produzca una breve satisfacción a la víctima, al igual que el primer sirviente no recuperó su dinero sencillamente

* Mateo 6:12

> porque el otro hombre estuviera en la cárcel. La justicia debe tratarse de mucho más que de equilibrar las ofensas del mundo; debe tratarse de hacer las cosas *bien*, del tipo de restauración que no devuelve el dolor, sino que lo deja atrás y avanza hacia algo nuevo. Y al igual que las ofensas no pueden ser borradas del castigo o el pago, tampoco pueden ser realmente borradas por el simple perdón. Cuando el amo perdona la deuda del sirviente, la deuda no desaparece. ¡El amo asume la pérdida! Acepta asumir él mismo toda la deuda.[6]

La visión del perdón de Rachel Tulloch no es una manera mágica de equilibrar la balanza, sino una manera de dejar a un lado el tanteo de la balanza y *avanzar hacia algo nuevo*. Si realmente queremos vivir en el nuevo mundo de Dios, tenemos que estar dispuestos a sufrir el dolor del costoso perdón, porque sólo entonces podremos experimentar el mundo donde todas las cosas son hechas nuevas. No hay nada más viejo que el ciclo de la venganza, el apuntar los tanteos y equilibrarlos. Son necesarios los ojos nacidos de nuevo que pertenecen a la nueva creación para apreciar plenamente que un mundo donde hacemos que nuestros deudores paguen sus deudas es el mundo que nos hará a nosotros pagar nuestras deudas. Lo que el mundo necesita si quiere dejar atrás el infinito ciclo de la venganza es un jubileo: un jubileo de perdón recíproco y costoso.

Al final de la parábola, nos dice: "si no perdonáis de todo corazón cada uno a su hermano".* Y si no lo hacemos, Jesús deja claro que nos hemos excluido a nosotros mismos de la generosa esfera de la misericordia de Dios. En el caso de Juan Pablo II y Ali Agca, el Papa pudo perdonar a Ali Agca de todo corazón, aunque Ali Agca sigue estando sujeto al juicio por parte de las autoridades civiles por su delito. La decisión del Papa de perdonar o no perdonar tuvo un efecto indirecto sobre Ali Agca, pero tuvo un efecto muy directo sobre su propio

* Mateo 18:35

estado espiritual, su propia capacidad de recibir la misericordia de Dios. Tendré más que decir sobre la relación entre perdón y justicia más adelante, pero para el seguidor de Cristo, el asunto es el modo en que el corazón responde a una injusticia sufrida.

Permitir que el perdón limpie la falta de perdón en nuestros corazones es lo que nos capacita para dejar atrás la injusticia y no estar encadenados a ella de por vida.

Cuando somos una víctima de una injusticia (una injusticia percibida; y debemos reconocer que a veces nuestra perspectiva puede estar torcida), resultamos heridos.

Nos han disparado al corazón con palabras y actos de odio. La única manera de retirar la mortal bala de nuestro corazón es por medio del perdón. Es así como usted se evita convertirse en una doble víctima: primero una víctima de injusticia, y después una víctima de amargura sistémica. Los médicos tuvieron que quitar las balas disparadas desde la pistola de Ali Agca, pero sólo Juan Pablo II pudo evitar que el odio de Ali Agca se quedara en su alma. Y el odio sólo podía ser extraído mediante el perdón.

Juan Pablo II fue a la cárcel para visitar y perdonar a Ali Agca a fin de que su propia alma no quedará encarcelada. Juan Pablo II no pudo evitar el ataque de Ali Agca sobre su persona, pero pudo evitar que el odio de Ali Agca le definiera y finalmente le deformara. Cuando es usted el receptor del odio, siempre existe el peligro de que se permita a usted mismo ser definido y deformado por ese odio. La única manera de expulsar al demonio del odio es mediante la purga del perdón. Permitir que el perdón limpie la falta de perdón en nuestros corazones es lo que nos capacita para dejar atrás la injusticia y no estar encadenados a ella de por vida.

"NO QUIERO OLVIDAR, PERO QUIERO PERDONAR"

Ingrid Betancourt era una senadora francesa-colombiana cuando los terroristas revolucionarios la secuestraron en el año 2002. Antes de ser rescatada por las Fuerzas de Seguridad colombianas en 2008, ella sufrió un trato deplorable como secuestrada durante seis años y medio en las junglas de Colombia. Durante casi todo el tiempo de su cautiverio, estuvo encadenada a árboles y a otros prisioneros. Poco después de su rescate, Ingrid Betancourt apareció en el programa de televisión *Larry King Live*. Durante la entrevista, King preguntó a Betancourt si albergaba amargura hacia sus captores. Su respuesta fue notable.

> Decidí hace muchos años que cuando fuese liberada, no sacaría de la jungla ningún tipo de amargura ni ningún tipo de deseo de buscar venganza. No quiero olvidar, pero quiero perdonar.[7]

Admiro la valentía y la sabiduría de Ingrid Betancourt. Al haber sido liberada de seis años y medio de cadenas, ella sabía que, sin perdón, seguiría encadenada a su jungla de injusticia. La única manera de ser realmente libre era por medio del perdón; sólo el perdón podría romper las cadenas. Y sin embargo, tenemos su penetrante comentario sobre perdonar y olvidar. "No quiero olvidar, pero quiero perdonar". Con esas palabras, Ingrid Betancourt ha tocado algo muy importante en la esfera del perdón. Con frecuencia existe una barata ingenuidad sobre el perdón que con demasiada facilidad equipara perdonar y olvidar; "perdona y olvida", como dice la frase. Y aunque yo creo que hay situaciones y maneras en las cuales olvidar puede ser una parte del perdón, hay que subrayar que el perdón cristiano no nos llama a olvidar; nos llama a romper el ciclo de la venganza. El perdón no se trata de un rechazo completo de la justicia, sino más bien implica la transferencia de esa justicia a Dios. Una vez más, tendré más que decir sobre la complicada relación entre justicia y perdón más adelante. Pero el perdón es siempre posible, incluso si es doloroso. El perdón es siempre posible, aunque olvidar sea o imposible o poco sabio.

Olvidar no es lo mismo que perdonar. La amnesia no es la respuesta a un mundo atascado en el infinito ciclo de la venganza. Eso es cierto por la sencilla razón de que la memoria es una parte esencial de la formación de nuestra identidad. Hay algunas cosas que ocurren en nuestras vidas que, si se olvidan, disminuirían seriamente nuestra autenticidad. Si ciertos acontecimientos se olvidara por completo, sencillamente no seríamos plenamente nosotros mismos. Jesús recordaba su visión y pudo mostrar sus heridas; su capacidad de perdonar no le requirió olvidar. Si Esteban olvidase su apedreamiento, o si Juan Pablo II olvidase que le dispararon, o si Ingrid Betancourt olvidase que fue secuestrada durante seis años y medio, todos ellos serían menos. Su sufrimiento es una parte integral de su identidad.

Olvidar no es esencial en el perdón porque el recuerdo de la injusticia no requiere que tengamos eternamente hambre de venganza. Es posible, en la gracia de Dios, que todo el dolor de la injusticia sea eliminado mientras a la vez permanece la cicatriz del recuerdo, no como un recuerdo que hace que se reviva el dolor, sino como un recuerdo que forma identidad y permite que la historia avance hacia un final feliz aunque el medio de la historia contenga un dolor innegable. Jesús, Esteban, Juan Pablo II e Ingrid Betancourt recordarán todos ellos esos momentos decisivos de sus vidas en los que sufrieron injusticia, pero su elección de perdonar ha sacado el aguijón y les ha permitido avanzar mucho más allá del alcance del sufrimiento continuo.

El profeta Zacarías habla de un Mesías que es traspasado y herido, y cuando le preguntan por sus heridas, Él responde describiendo las cicatrices aún visibles como "...Con ellas fui herido en casa de mis amigos".* Cristo lleva para siempre las cicatrices de la crucifixión

---

* Zacarías 13:6

como el recuerdo eterno de la cruz. Pero Él habla de las cicatrices no en el contexto de enemigos sino de amigos. Sus heridas le recuerdan no enemistad sino amistad. De hecho, en torno a las heridas de Cristo se forma nuestra amistad con el Salvador.

Una vez más vemos a Juan Pablo II imitando a Cristo de esta manera. Durante el resto de su vida, Juan Pablo II llevó sobre su cuerpo las cicatrices que recibió de la pistola de Ali Agca; pero de esas heridas se forjó una amistad. Al final, tanto Juan Pablo II como Ali Agca se referían el uno al otro como *amigos*. Me gusta imaginar que si le preguntasen a Juan Pablo II sobre las cicatrices, muy bien podría responder diciendo: "Ah, ahí es donde me disparó mi amigo". Incluso me pregunto si, en la resurrección, aunque Juan Pablo II tendrá un cuerpo glorificado y libre de toda enfermedad, podría seguir llevando las cicatrices que recibió de su amigo Ali Agca como una imitación continua de Cristo. No unas cicatrices que hagan que cualquiera (incluyendo a Ali Agca) sienta dolor, sino cicatrices que relaten una maravillosa historia de gracia.

Sin embargo, eso no significa que tengamos que *intentar* recordar cada injusticia que hemos sufrido. Hay algunas cosas que pueden olvidarse legítimamente sin afectar nuestra autenticidad. Al hablar de sufrir injusticia, debe recordarse que no siempre somos totalmente inocentes. Hay muchas veces en que la hostilidad en una relación que ha conducido a palabras y acontecimientos hirientes ha surgido de una falta de respeto mutua. Ambas partes han hecho su aportación a la injusticia. En el matrimonio, podemos llamarlo pelea. Pero cuando el perdón prevalece y la relación es sanada, es alentador saber que existe la posibilidad muy real de que ambas partes sigan adelante juntas en amor incluso por encima de la esfera del recuerdo. Para ellos, el recuerdo no tendría ningún propósito redentor. No lo recordamos todo, y no podemos hacerlo. Lo que recordamos y lo que olvidamos son maneras de reestructurar nuestro pasado y así forjar nuestras identidades.

Para vivir bien, hay cosas que recordar y hay cosas que olvidar. Una memoria perfecta no constituye una persona perfecta. A veces, el perdón es el arte del olvido. Pero ya sea al olvidar o al recordar, el perdón es siempre la imitación de Cristo.

Los Miserables es la mejor y más famosa novela de Victor Hugo. Es una historia épica cuya trama se basa en las posibilidades del perdón. Cuando comienza el libro, el lector conoce al personaje principal, Jean Valjean. Él es un ex presidiario que acaba de salir de la cárcel después de diecinueve años de duro trabajo por "haber roto un escaparate de cristal y haberse llevado una barra de pan" para alimentar a su hermana y a sus hambrientos hijos. Después de caminar cuatro días, llega a una ciudad donde inmediatamente es reconocido como un presidiario liberado. Como resultado, todas las posadas y todos los hogares cierran sus puertas a Jean Valjean. En un punto, Valjean pasa al lado de una iglesia y levanta su puño enojado. Cuando el exhausto hombre se tumba sobre un banco público cansado, con frío y con hambre, una amable mujer le sugiere que llame a la puerta de la casa del obispo.

Esperando encontrar el mismo rechazo por parte del obispo, monseñor Bienvenu (¡su nombre significa *bienvenido*!), Valjean se sorprende cuando el obispo le da la bienvenida al huésped de honor. El piadoso obispo le dice a Valjean: "No necesitas decirme quién eres. Esta no es mi casa; es la casa de Cristo". El obispo entonces le dice a Valjean que ya sabe su nombre: "Tu nombre es mi hermano".

Después de servir a su huésped una comida caliente, el obispo le entrega a Valjean un candelero de plata para iluminar el camino y le lleva a un dormitorio donde, por primera vez en diecinueve años, Valjean dormirá sobre una cama. Pero Valjean no puede dormir; lucha con la tentación mientras piensa en robar los platos de plata en los que se sirvió la cena. Tristemente, cede a la tentación, roba los platos de plata y se va sigilosamente.

A la mañana siguiente, cuando se descubre que faltan los platos de plata, el obispo simplemente explica que todo lo que él tiene pertenece a los pobres, y si los pobres se lo han llevado, no se ha cometido ningún delito. Cuando Jean Valjean es detenido y llevado de nuevo a la residencia de monseñor Bienvenu, el obispo sorprende a todos cuando dice: "¡Ah, aquí estás! Me alegro de verte. Pero también te regalé los candeleros, que también son de plata como el resto, y te darían doscientos francos. ¿Por qué no te los llevaste junto con tus platos?". Cuando la policía libera al sorprendido Valjean, el piadoso obispo susurra al anterior presidiario diciendo: "Jean Valjean, hermano mío, tú ya no perteneces al mal, sino al bien. Es tu alma la que estoy comprando por ti, la retiro de los pensamientos oscuros y del espíritu de perdición, ¡y se la entrego a Dios!".

Jean Valjean es salvado. Es redimido del mal; es rescatado del espíritu de perdición. Al estar dispuesto a ser ofendido, a sufrir la pérdida y a sencillamente perdonar, monseñor Bienvenu recibe a Jean Valjean del frío mundo de demandar retribución a la cálida hospitalidad de la increíble gracia. Mediante un acto de sorprendente misericordia y perdón no merecido, el monseñor Bienvenu de Victor Hugo se convierte en una imitación de Cristo, el verdadero Monseñor (Señor), quien recibe a los pecadores en el abrazo de la reconciliación. Y Jean Valjean sí recibe ese perdón, esa salvación, y pasa a vivir una vida comprometida a ayudar y a perdonar a otros.

Por tanto, cuando consideramos a los imitadores de Cristo -S. Esteban, Juan Pablo II, monseñor Bienvenu-, entendemos cómo el perdón puede salvar un alma; y no sólo el alma del ofensor, sino también el alma del ofendido. Perdonar la injusticia sufriendo la pérdida sin venganza, y así llevando la posibilidad de redención a todos los implicados, es la imitación más plena de Cristo que tenemos a nuestra disposición.

{4}

NO HAY FUTURO SIN PERDÓN

Nuestra felicidad yace en la esperanza. Si podemos afrontar el futuro con esperanza, podemos ser felices. Esto se debe a que la esperanza es la actitud predominante de que el dolor y los desengaños del pasado no tienen que repetirse una y otra vez. La esperanza se atreve a imaginar el futuro como una alternativa legítima a las viciosas repeticiones del pasado; pero la negativa a perdonar es un recuerdo tóxico que empuja de modo interminable el doloroso pasado al presente. El recuerdo tóxico del pasado perdonado envenena el presente y contamina el futuro. Esta actitud tóxica está bien representada por Salomón en las primeras frases de su poema *Eclesiastés.*

> Vanidad de vanidades, dijo el Predicador; vanidad de vanidades, todo es vanidad…
>
> ¿Qué es lo que fue? Lo mismo que será. ¿Qué es lo que ha sido hecho? Lo mismo que se hará; y nada hay nuevo debajo del sol.
>
> —Eclesiastés 1:2, 9

Todo es vanidad. El pasado debe repetirse. El futuro no tiene nada nuevo. No hay esperanza. Afortunadamente, el cinismo de Salomón como una revelación divina de la futilidad de la vida alejada de Dios no es la última palabra sobre las posibilidades para el futuro que se encuentran en la Escritura. Los profetas (especialmente Isaías), los apóstoles, y lo más importante, Jesús, ofrecen una visión radicalmente diferente para el futuro. Ellos no hablan de vanidad, futilidad y repetición sin sentido, sino de propósito, significado y la posibilidad de nuevos comienzos. Sin embargo, la visión profética y apostólica de un futuro esperanzador está basada en nuestra disposición a seguir a Cristo y liberar nuestras vidas del pasado mediante la práctica del perdón. Porque sin la práctica de un perdón semejante al de Cristo, el cínico poeta tiene razón: no hay nada nuevo bajo el sol. O como ha dicho el arzobispo Desmond Tutu: "No hay futuro sin perdón".[1] El perdón es a la vez cerrar la puerta a un doloroso pasado y abrir una nueva puerta para mirar hacia un futuro esperanzador.

EL PERDÓN MOLDEA SU FUTURO

El patriarca del Antiguo Testamento, José, entendió la necesidad del perdón para cerrar la puerta a un doloroso pasado a fin de abrir la puerta a un futuro prometedor. Al considerar el papel que desempeña el perdón para moldear nuestro futuro según la esperanza, puede ser útil recordar brevemente la notable historia de José.

José era un soñador; el undécimo de doce hermanos. También era el favorito de su padre. El favoritismo de su padre, junto con su optimismo soñador, causaron que sus hermanos menos favorecidos y menos visionarios tuvieran profundos celos de él: un resentimiento lo suficientemente profundo para poder desearle la muerte. Al final, ellos no le mataron, pero hicieron algo casi tan reprensible: le vendieron como esclavo y dijeron que había muerto. Todo eso sucedió cuando José tenía sólo diecisiete años de edad. Durante los siguientes trece años, José vivió la vida de un esclavo en Egipto. A veces halló favor con sus superiores y comenzó a elevarse desde su baja posición; otras veces fue maliciosamente vilipendiado y sufrió una profunda injusticia. Así fue durante trece años. Y trece años de injusto sufrimiento es mucho tiempo para acumular potencialmente mucho resentimiento. Pero cuando José estaba en su momento más bajo, las cosas cambiaron de repente, sus sueños finalmente comenzaron a hacerse realidad. En un dramático cambio de acontecimientos (ciertamente una prefigura profética de la resurrección y ascensión de Cristo), el hijo favorecido, injustamente tratado y considerado muerto, fue exaltado por Faraón para gobernar sobre el imperio de Egipto.

En una clásica historia de pasar de los harapos a las riquezas y el inevitable triunfo del bueno, ahí es donde terminaría la historia y seguirían los créditos. Pero la historia de José no termina ahí. La historia de José no termina ahí porque la historia no es realmente sobre José sino sobre toda la familia de Israel y su salvación. Por tanto, la historia continúa hasta nueve años después, cuando José es reunido con sus hermanos, que están al borde de morir de hambre y por completo en las manos de José. Ahora las circunstancias cambian. Ahora José tiene la oportunidad de vengarse. Ahora José puede hacer que sus hermanos sean vendidos como esclavos al igual que ellos le habían vendido a él como esclavo. Pero José no hace eso. En cambio, José perdona a sus hermanos, provee para sus familias y salva a la simiente de Abraham. El perdón ha proporcionado un futuro a Israel.

Sin embargo, los hermanos llenos de culpabilidad siguen teniendo miedo de José; están convencidos de que, aunque el día de la venganza de José se ha retrasado, seguramente llegará. No pueden creer que José pudiera tener el poder y no utilizarlo para hacer justicia en forma de venganza. Ellos creen que José está esperando el momento propicio hasta que su padre haya muerto. Así, cuando su anciano padre, Jacob muere, ellos temen que José al fin actúe en venganza hacia ellos. En su temor a una inminente represalia, dijeron: "Quizá nos aborrecerá José, y nos dará el pago de todo el mal que le hicimos".* Los hermanos de José vivían en el feo mundo de las represalias y la venganza recíproca. Ahora que su padre ya no estaba allí para refrenar a José, ellos estaban seguros de que llegaría la venganza.

El mundo de las represalias y la venganza recíproca es un mundo donde los fuertes intimidan a los débiles y donde el temor es un medio de manipular al enemigo y también el espectro que te persigue en tus propios sueños oscuros. En el mundo de las represalias, el primer punto cuando se tiene el poder es vengarse de los enemigos: hacerles pagar. En el mundo de las represalias, esta es una motivación principal para buscar poder en primer lugar: el poder de ajustar cuentas. Si José hubiera jugado según las reglas de la represalias, él y sus hermanos habrían quedado atascados en una enemistad familiar y un ciclo interminable de venganza, un ciclo que se habría transmitido a sus descendientes. Un legado de represalias. Una herencia de venganza. Un legado de amargura. Tristemente, la tradición de mantener el "honor" familiar, nacional, o étnico mediante la práctica de la venganza es una tradición no sólo firmemente atrincherada en la cultura de Oriente Medio, sino que también está muy presente en todo el mundo. En el mundo de la represalia vengativa, la vida se convierte en un ciclo interminable de venganza, represalia y retribución: un círculo vicioso de represalias y ajustes de cuentas. Pero el marcador nunca se equilibra, y finalmente el origen del conflicto se pierde en el polvo de la historia mientras que el hambre de venganza interminable sigue viva.

Es así como el mal sigue triunfando sin importar quién esté en el poder, y la justicia se convierte solamente en una palabra barata para justificar actos de venganza sin sentido. El testimonio de las guerras y las atrocidades perpetradas bajo este sistema es lo que alegremente denominamos "historia del mundo".

En el sistema de las represalias, José y sus hermanos (¡la simiente redentora de Abraham!) estarán atascados en un legado familiar de

* Génesis 50:15

venganza reciclada. El tiempo pasará, pero nada cambiará. No habrá nada nuevo bajo el sol. A menos que. A menos que el perdón pueda romper el ciclo y darles un futuro. Aquí es donde vemos lo esencial que es el perdón para el programa de redención de Dios, porque sin perdón la simiente de Abraham no tiene futuro, sólo interminables repeticiones del doloroso pasado. Sin perdón, la simiente de Abraham nunca llegará a su destino redentor. Pero José es más inteligente. José es mejor que eso. José es más semejante a Cristo que eso. José no pasó de ser un prisionero a ser un príncipe sólo para quedar encarcelado en el interminable ciclo de la venganza. Por tanto, a sus hermanos que están llenos de temor y esperan una venganza, José les dice: "No temáis; ¿acaso estoy yo en lugar de Dios? Vosotros pensasteis mal contra mí, mas Dios lo encaminó a bien".*

Esas palabras están al final del libro de Génesis. Sólo porque José escogió perdonar, la Biblia tiene un futuro. Sólo porque José escogió absorber la injusticia, perdonar a sus hermanos y avanzar confiando en Dios, el proyecto de redención de Dios puede avanzar mediante la simiente de Abraham. Sin perdón, la Biblia no pasa de Génesis. ¡Sin perdón realmente no hay futuro!

Pero hay futuro, porque José escoge perdonar a sus hermanos. Sin embargo, la elección de José de perdonar no es un ejercicio de gracia barata. José no dice: "Bueno, no fue nada". Porque sí fue algo. Fue daño, fue maldad y fue injusticia. José no avanza en perdón llamando injusticia a la justicia o mal al bien. José dice que lo que se hizo fue una maldad, pero José escoge perdonar reconciliándose con sus hermanos y poniendo el asunto de la justicia en las manos de Dios. De hecho, José puede ver cómo Dios nunca está limitado por la maldad y cómo Dios pudo utilizar la maldad *que Dios no causó* para que obrase hacia un final redentor. José recordó las maldades que le habían hecho -trece años de esclavitud-, pero no las recordó de manera tóxica que envenenase el presente y contaminase el futuro. José tuvo que recordar la injusticia que él había sufrido porque era

* Génesis 50:19-20

una gran parte de su historia; pero José la recordó en el contexto del perdón y no como combustible para la venganza. José no perdonó y olvidó. José perdonó y recordó. Pero cuando José recordó, simultáneamente liberó a sus hermanos de su deuda moral y libertó a toda la familia para que hubiera reconciliación.

Sin perdón, la Biblia no pasa de Génesis. ¡Sin perdón realmente no hay futuro!

Otro punto que vale la pena destacar de esta historia, que concluye la épica narrativa de Génesis, es que es la introducción formal en la Biblia del tema del perdón.

En este punto es donde la palabra supremamente importante, *perdonar*, aparece por primera vez en la escena de la Escritura. El primer uso de la palabra *perdonar* en la Biblia es cuando leemos: "Te ruego que perdones ahora la maldad de tus hermanos y su pecado, porque mal te trataron".* Este tema se repetirá a lo largo de la extensa historia que la Biblia relata. Será un tema recurrente de los salmistas y los profetas. Se encontrará en el Sermón del Monte. Se oirá en el Padrenuestro. Estará presente en la cruz. Estará presente en la resurrección. Los apóstoles llevarán el mensaje del perdón al mundo. Pero es aquí en Génesis, en la historia de José y sus hermanos, donde se nos requiere por primera vez: "que perdones la maldad de tus hermanos".

Génesis llega al final relatando la historia de cuatro mil años de antigüedad de un prisionero que se convierte en presidente y da un futuro a una nación basándose en el perdón. Pero no es una historia que deba ser relegada a la historia antigua. Esas cosas siguen sucediendo. Siguen produciéndose injusticias, y ocasionalmente grandes almas siguen ascendiendo para sacar al pueblo del camino sin salida

* Génesis 50:17, énfasis añadido

de la represalia y llevarlo a un futuro que solamente la reconciliación puede crear. La historia de un prisionero que se convierte en presidente y da un futuro a su pueblo basándose en el perdón es la historia del patriarca hebreo José. Es también la historia de Nelson Mandela.

Justicia reparadora

La historia de Sudáfrica una de las historias más tristes en la vergonzosa saga del colonialismo europeo. Antes de que la historia de Sudáfrica diera lugar a la esperanza, primero daría lugar a un régimen racista que perduró hasta la década final del siglo XX. En 1948, tras siglos de explotación colonial, el Partido Nacional Africano, todos ellos de raza blanca, instituyó una política gubernamental de segregación y discriminación basada en la raza; un sistema que extendió e institucionalizó las ya largas prácticas existentes del racismo. El sistema era conocido como *apartheid*: una palabra holandesa que significa (separación). (Curiosamente, ¡las palabras *apartheid* y *fariseo* significan lo mismo!).

Bajo el apartheid, sólo los blancos -aproximadamente el 10% de la población de Sudáfrica[2]- tenían derecho a voto. Negocios, playas, puentes, restaurantes, cines, hospitales e incluso ambulancias estaban designados como "sólo blancos". Como parte de las brutales prácticas del apartheid, seiscientas mil personas que no eran de raza blanca fueron forzosamente trasladadas y reubicadas a fin de extender el territorio de "sólo blancos". Todo el sistema del apartheid estaba pensado para empobrecer a la mayoría negra y enriquecer a la minoría blanca. Las protestas contra la desigualdad racial fueron violentamente aplastadas. Activistas anti apartheid eran arrestados. El típico castigo para el activismo contra el apartheid era la paliza en público. Durante los años del apartheid, miles de negros fueron *legalmente* sujetos a la deshumanizante práctica de la paliza en público. Otros fueron encarcelados. Otros fueron torturados. Otros simplemente desaparecieron. Y en todo ello, la Iglesia Reformada Holandesa de Sudáfrica, sólo de blancos, aseguraba a sus miembros que el apartheid era, sin duda, la voluntad de Dios. Pero el mundo en general tuvo más juicio, y finalmente el activismo interno, la condena internacional y sanciones económicas hicieron insostenible el apartheid. En 1994, el régimen del apartheid fue desmantelado y al fin se dio a los sudafricanos que no eran de raza blanca el derecho a voto.

El fin del apartheid y el ascenso de la democracia en Sudáfrica abrió la puerta para que Nelson Mandela pasase al escenario del mundo. En 1964, a los cuarenta y seis años de edad, Mandela había sido sentenciado a cadena perpetua en la cárcel, como activista anti apartheid con el Congreso Nacional Africano (ANC). Liberado en 1990 después de veintisiete años de trabajos forzados en una cantera de roca que casi le dejó sin vista, Nelson Mandela se convirtió en el líder del ANC. Después de su liberación de la cárcel, Nelson Mandela escogió deliberadamente entrar de nuevo en la lucha sudafricana sin amargura, y trabajó diligentemente con el presidente F. W. de Klerk para realizar una transición pacífica a un gobierno democrático. En 1993, Mandela y de Klerk recibieron el Premio Nobel de la Paz. Un año después, Sudáfrica realizó sus primeras elecciones democráticas totalmente libres. Nelson Mandela había esperado setenta y seis años antes de poder votar, y entonces sus compatriotas le eligieron como primer presidente de la nueva Sudáfrica. El prisionero se había convertido en presidente. La increíble historia de José se había repetido. Y si había alguna pregunta en cuanto a si el presidente Mandela buscaría un camino de reconciliación o de venganza, la respuesta fue dada cuando él invitó a su carcelero de raza blanca a ser su huésped de honor en su toma de posesión de la presidencia.

¿Pero que traería el futuro para Sudáfrica? Muchos suponían que habría un baño de sangre de represalias. Suponían que sería el momento para que aquellos a quienes se les había negado justicia por tanto tiempo se vengasen con una retribución violenta. Pero eso no sucedió. En cambio, Sudáfrica hizo una pacífica transición de un régimen racista a una democracia estable. No fue nada menos que un milagro. ¿Pero cómo se logró aquello? Se logró mediante la imaginación profética: mediante atreverse a imaginar un camino nuevo y creativo de dejar atrás los males del pasado. No el camino de la venganza ni tampoco el camino de pasar por alto la injusticia, sino el camino de la justicia reparadora: un nuevo camino que daba lugar tanto a la verdad como a la reconciliación. Nelson Mandela entendió que juicios parecidos a los juicios por crímenes de guerra nazis que se realizaron después de la Segunda Guerra Mundial despedazarían Sudáfrica. También sabía que simplemente olvidar las injusticias del pasado sería una injusticia mayor, una injusticia a la verdad. En cambio, Nelson Mandela imaginó un tercer camino. No el de los juicios de Nuremberg, no el de la amnesia nacional sino el de la justicia reparadora.

Para llevar a la nación más allá de los tóxicos recuerdos del pasado, los cuales tenían la capacidad de envenenar el futuro, *y hacerlo de una manera que no sacrificase la verdad*, Nelson Mandela estableció la Comisión para la Verdad y la Reconciliación. Para dirigir ese nuevo enfoque radical para abordar la injusticia, el presidente Mandela nombró al arzobispo anglicano y también laureado Premio Nobel de la Paz, Desmond Tutu, como presidente de la Comisión para la Verdad y la Reconciliación. Y fue el obispo Tutu quien dio al mundo la maravillosa frase: "No hay futuro sin perdón".

Ahí está el brillo y la belleza, la sabiduría y la gracia, la imaginación y la creatividad de la Comisión para la Verdad y la Reconciliación. Si cualquier persona que hubiera cometido delitos bajo el sistema del apartheid hacía una confesión completa y pública delante de la Comisión, podría recibir inmediatamente amnistía plena para sus delitos. (Los delitos del apartheid no confesados permanecían sujetos a un juicio criminal convencional). ¿Y cuál fue el resultado? Más de siete mil personas hicieron su confesión y solicitaron la amnistía, aunque no todas la recibieron.[3] Muchas de las vistas de las amnistías se realizaron en iglesias. No puedo imaginar un lugar más apropiado para que la verdad y la reconciliación prevaleciesen y se diese una amnistía que una iglesia.

El camino del perdón no olvida el pasado, sino que mediante verdad y reconciliación encuentra un camino por encima del recuerdo tóxico. Es el camino de la justicia reparadora.

Otro aspecto del proyecto Verdad y Reconciliación fue la oportunidad para que las víctimas relataran sus historias, que contasen a la nación y al mundo lo que les habían hecho en nombre del apartheid. Sus historias eran emitidas en televisión y radio e impresas en los periódicos. Más de veinte mil víctimas pasaron al frente para relatar su historia.[4] Cuando lo hicieron, dieron oportunidad de que se oyera la verdad que por tanto tiempo se había negado. Se puso nombre y vergüenza al pecado, y la verdad triunfó. De ese modo, la justicia no se convirtió en una fea retribución, lo cual simplemente prepararía la escena para el siguiente ciclo de venganza. Pero tampoco se negó la justicia ni se olvidó a las víctimas. Se había encontrado un tercer camino. El camino de la verdad. El camino de la reconciliación. El camino del perdón. El camino que podría dar a una nación un futuro por encima de la autodestrucción de buscar venganza para siempre. Verdad y reconciliación habían danzado juntas, y ninguna de ellas fue negada. O como dijo el salmista: "La misericordia y la verdad se encontraron; la justicia y la paz se besaron".*

El camino del perdón no olvida el pasado, sino que, mediante la verdad y la reconciliación, encuentra un camino por encima del recuerdo tóxico. Es el camino de la justicia reparadora. En su libro, *No Future Without Forgiveness* [No hay futuro sin perdón], Desmond Tutu describe la justicia reparadora del siguiente modo.

> Defendemos que hay otro tipo de justicia: *justicia reparadora*... Aquí, el interés central no es la retribución ni el

* Salmo 85:10

> castigo... el interés central es la sanidad de las brechas, la compensación de los desequilibrios, la restauración de relaciones rotas, buscar rehabilitar tanto a la víctima como al causante, a quien debería darse la oportunidad de ser reintegrado a la comunidad que ha herido con su ofensa... Así, afirmaríamos que se está haciendo un servicio a la justicia, la justicia restauradora, cuando se estén haciendo esfuerzos para trabajar por la sanidad, para perdonar y para la reconciliación.[5]

Nelson Mandela y Desmond Tutu encontraron un camino para practicar el Padrenuestro a nivel nacional. Una nación estaba orando: "Perdónanos nuestras deudas así como nosotros perdonamos a nuestros deudores". Una nación estaba orando: "Venga tu reino. Hágase tu voluntad como en el cielo, así también la tierra". Y de una manera muy real (aunque ciertamente incompleta) el Reino de Dios se asentaba entre los hombres, y a través del camino del perdón de Jesús se dio a una nación un futuro que no podría haber tenido de otra manera. Eso es lo que Amós soñó cuando habló del juicio corriendo como las aguas.* Eso es, al menos en parte, lo que Jesús quiso cuando habló de hacer discípulos a todas las naciones.†

La justicia reparadora es el tipo de justicia del que los profetas hablaron. Es el tipo de justicia que Jesús quiere llevar a un mundo quebrantado. Es el tipo de justicia que puede suceder cuando escogemos poner fin al ciclo de la venganza. Es el tipo de justicia que puede producirse cuando estamos más interesados en la restauración que en la represalia.

"Dios lo usó para bien"

El filósofo alemán Friedrich Nietzsche era parecido a un profeta loco: un profeta loco, destinado a las tinieblas de afuera, parecido a Balaam,

---

* Amós 5:24

† Mateo 28:19

pero profeta, a pesar de todo. Nietzsche entendía mal muchas cosas, pero también entendía bien muchas otras. En su obra, *Así Habló Zarathustra*, Nietzsche hace una observación muy profunda con respecto al pasado y la redención cuando dice: "Redimir lo que es pasado... ¡sólo a eso yo denomino redención!".[6] Para que la redención sea completa y sinceramente nos dé un futuro esperanzador, debe ser capaz de abordar el pasado y de alguna manera redimirlo. Mediante el acto del perdón el pasado no es olvidado, sino que, por la fe en la obra redentora de Dios, llega a considerarse de una manera nueva. La injusticia ha de recordarse, pero no se le permite que envenene el presente y dicte el futuro. El perdón, cuando se hace como una expresión de fe en Dios, nos permite tener una nueva y redentora perspectiva sobre el pasado. Después de que José fuera reconciliado con sus hermanos mediante el perdón, pudo mirar atrás a su amargo pasado con una nueva perspectiva: "Vosotros pensasteis mal contra mí, mas Dios lo encaminó a bien, para hacer lo que vemos hoy, para mantener en vida a mucho pueblo".[*] Para José, el pasado había sido redimido mediante el perdón, pero esta perspectiva redentora del pasado sólo puede obtenerse por la fe. Debemos ser capaces de creer que Dios está obrando en nuestro acto de perdón, y debemos creer que Dios está obrando tan profundamente en la redención como para de alguna manera redimir el pasado y así liberar el futuro para que sea algo más que una trágica repetición del pasado.

En la antigua historia del patriarca judío José, vemos cómo el perdón dio a la joven nación de Israel un futuro por encima de un legado familiar. En la historia moderna de Nelson Mandela y Desmond Tutu, vemos cómo dos padres nacionales dieron lugar al perdón y dieron a Sudáfrica un futuro por encima del ciclo de la venganza. José llevó a Israel más allá de la crueldad de la traición fraternal. Sudáfrica dejó atrás la crueldad del apartheid racista. Y de hombres sabios, antiguos y modernos, buscamos aprender

* Génesis 50:20

la lección, una lección de la que todo el canon de la Escritura da amplio testimonio: no hay futuro sin perdón.

Por tanto, ¿cuál es su historia?; ¿quién ha sido cruel con usted? Quizá amargamente cruel. ¿Qué injusticia ha sufrido usted? ¿Cómo ha sido usted maltratado? Quizá de manera miserable. ¿Quién le ha engañado? ¿Quién ha abusado de usted, le ha maltratado, le ha mentido? ¿Quién mintió *sobre* usted? Quizá fuese la semana pasada. Quizá fuese hace una vida. Cuando usted recuerda la injusticia que sufrió, ¿cómo afecta al modo en que ve el futuro? O déjenme expresarlo de otra manera: ¿A qué espera usted? ¿Está esperando ajustar cuentas? ¿Una oportunidad para la represalia? ¿Una oportunidad para vengarse? Si es así, no tiene usted futuro.

Puede usted ajustar cuentas, puede lograr una represalia, puede vengarse, *pero se quedará para siempre encadenado a la injusticia que le hicieron*. Está usted en peligro de formar su identidad en torno a su injusticia de tal manera que moldee para siempre su futuro. Aunque ajuste usted cuentas, seguirá arrastrando esa bola y esa cadena. Al buscar una oportunidad para ser cruel con la persona que fue cruel con usted, se convertirá usted en una persona cruel. Al convertirse en una persona cruel, su crueldad, con toda probabilidad, no estará limitada a la persona o personas que le trataron cruelmente. Al buscar la oportunidad de devolver crueldad por crueldad, la crueldad se convertirá en su identidad, su estilo de vida y su carácter. Trágicamente, usted hará precisamente lo que odia: infligirá injusticia cruel sobre otros.

Peor aún, *se convertirá* usted precisamente en lo que odia. Así es como el mal se perpetúa. Así es como el mal se transmite hasta que todo el mundo está bajo el poder del maligno.* El mal sólo es derrotado cuando alguien absorbe el golpe y perdona, poniendo fin así al ciclo del mal. Absorber el golpe sin tomar represalias *ejercitando la opción del perdón* no es debilidad o consentimiento de la injusticia; es tomar su cruz y seguir a Jesús. Es seguir a Jesús al Calvario, y

* 1 Juan 5:19

allí poner fin al mal mediante el triunfo del perdón. El perdón no es debilidad; es poder de Dios: el poder de Dios para vencer al mal privando al mal de multitud de represalias.

PERDÓN: ABANDONAR EL JUEGO DEL DIABLO

De nuevo necesitamos reafirmarlo: usted no tiene que olvidar el pasado; perdón no es amnesia. No tiene usted que decir que no le hicieron mal. El perdón se encuentra en la verdad y no en la mentira; usted puede recordar la ofensa; puede nombrarla y deshonrarla como pecado. No tiene que abandonar la esperanza de justicia. La justicia es una pasión del Señor. "Porque Jehová ama la rectitud, y no desampara a sus santos".* Debido a que usted cree en la pasión de Dios por la justicia, puede dejar la justicia en manos de Dios. El llamado a perdonar no es a olvidar el pasado. El llamado a perdonar no es una forma de autoengaño. El llamado a perdonar no es un abandono de la justicia. El llamado a perdonar es el llamado a detener el ciclo de la venganza. El llamado a perdonar es el llamado a abandonar el juego del diablo. El llamado a perdonar es el llamado a no seguir colaborando con la muerte.

El perdón no es debilidad; es poder de Dios: el poder de Dios para vencer al mal privando al mal de multitud de represalias.

El grupo británico de rock alternativo Coldplay ha vendido más de cincuenta millones de discos en todo el mundo. Su álbum de éxito de ventas es el ganador del Premio Grammy: "Viva la Vida or Death and All His Friends" [*Viva la vida* o *la muerte y todos sus amigos*.] En la

* Salmo 37:28

canción "Death and All his Friends" [*La muerte y todos sus amigos*], Chris Martin canta:

> No, no quiero una batalla de principio a fin
> No quiero un ciclo de venganza reciclada
> No quiero seguir a la muerte y todos sus amigos.[7]

Me encanta esa letra. Ésa es exactamente la actitud que los cristianos han de adoptar al hacer caso al llamado de Jesús a una vida de perdón radical. Somos los seguidores de Aquel que nos enseñó a orar: "Perdona nuestras deudas, como nosotros perdonamos a nuestros deudores", y quien clamó desde la cruz: "Padre, perdónalos"; y quien dijo: "Si remitiéreis los pecados, les son remitidos". Seguir a Jesús no es seguir a la muerte y a todos sus amigos, amigos como venganza, retribución y represalia. Los amigos de la muerte son despiadados: tomar represalias, ajustar cuentas y equilibrar la balanza. Los amigos de la muerte son las cosas que traen a nuestro mundo las mayores desgracias, cosas como amargura, odio y guerra. Al adoptar el llamado de Jesús a emplear el perdón radical, encontramos un camino de salida del ciclo de la venganza reciclada. Encontramos un camino de salida de una vida fútil que no es otra cosa que una batalla de comienzo a fin.

Este es el camino de Jesús. Y necesitamos ver que el camino de Jesús es mucho más que "cómo llegar al cielo cuando uno muere". Cuando Jesús dijo que Él era el camino, la verdad y la vida,* no sólo estaba diciendo que Él era el camino de salvación en una vida después de la muerte; más bien estaba afirmando que su modo de vivir es el verdadero camino que conduce a la vida. El camino de Jesús es siempre el camino del perdón. ¡Setenta veces siete! Es el camino que pone fin a la batalla interminable, que rompe el ciclo de la venganza reciclada, que se niega a seguir a la muerte y a todos sus amigos. Es el camino que da esperanza al futuro.

---

* Juan 14:6

Pero no caeremos casualmente a este camino de perdón radical. Podemos estar seguros de eso. El camino de perdón de Jesús, el camino que da esperanza al futuro, *no* es, indudablemente, el camino del mundo. El camino del mundo siempre ha sido el camino sangriento y violento de ajustar cuentas y transmitir a la siguiente generación una razón para odiar. Eso es lo que ha llenado el mundo de oscuridad y ha hecho del estudio de la historia del mundo poco más que el estudio de la guerra. Por eso la esperanza profética siempre ha sido de un camino de salida de la oscuridad a un día en que ya no estudiemos más la guerra.* Afirmar que Jesús es el Salvador del mundo sin abordar la venganza reciclada y las guerras que crea -desde las personales y triviales hasta las globales y catastróficas- es caer en la trampa gnóstica de reducir al Salvador del mundo a un salvador de este mundo. Jesús vino a salvar al mundo, no a salvarnos del mundo. La diferencia es inmensa.

El sentido en el cual Jesús nos salva *del* mundo es el modo en que nos salva de los fútiles caminos del orden del mundo caído. Y nada es más primordial para el orden del mundo caído que la ley de la autopreservación mediante la represalia vengativa. Eso es lo que evita que el mundo tenga un futuro que sea poco más que una repetición tecnológicamente avanzada del sangriento pasado. Consideremos como hemos avanzado... mientras que nada ha cambiado. En lugar de vengarnos contra nuestros enemigos uno a uno con palos y piedras, ahora podemos vengarnos contra 100.000 de una sola vez con bombas nucleares. Esto es lo que denominamos "progreso".

Nos estamos engañando a nosotros mismos si creemos que el mundo ha avanzado simplemente porque nuestra tecnología ha avanzado. A menos que encontremos un camino de salida de la oscuridad de la venganza interminable, nuestra avanzada tecnología sólo nos conduce más lejos y más deprisa al negro abismo de la autodestrucción.

Jesús constantemente insistía en que Él vino a enseñar al mundo

---

* Isaías 2:4; Miqueas 4:3

un nuevo camino, y que ese nuevo camino era el camino de su Padre que le había enviado. El mundo ha perdido su rumbo en la oscuridad del aislamiento de Dios y la separación del prójimo. Perdido en esta insensible oscuridad, el mundo sólo sabía arremeter con represalias contra todo el mundo percibido como un enemigo: los odiados *ellos*. En este mundo oscuro, fue demasiado fácil para Satanás manipular clanes, tribus y naciones hasta que la mayoría de *otros* pertenecieron a los odiados *ellos*. En un mundo así, las disputas, peleas, conflictos y guerras son los resultados inevitables. Este es el camino en el que no hay verdaderamente futuro ninguno, sólo el camino sin salida de la amarga represalia. Lo mismo que siempre fue.

En este tipo de *perdición*, el avance tecnológico solamente empeora el problema. En cuanto la tecnología avanza, inventamos un modo de usarla contra nuestros enemigos, tanto si es para cómo forjar bronce como para utilizar el átomo. Por eso vino el Hijo de Dios: para darnos un camino de salida de la oscuridad. Él afirmó que todo aquel que creyese en Él y en su enseñanza encontraría el camino de salida de la insensible oscuridad y aprendería a vivir en la luz. Según Jesús, vivir en la luz es realmente vivir los preceptos radicales que Él enseñó.*

Abrazar el camino de la cruz

Estoy convencido de que una de las razones de que seamos tan profundamente tentados a reducir la salvación que se encuentra en Jesucristo a un evento primordialmente privado y después de la muerte es que, mientras que creemos en Jesús como nuestro "Salvador personal", seguimos sin estar convencidos de sus ideas. A veces seguimos siendo tan cínicos como Pilato. Claro, creemos que Jesús puede salvarnos para la vida siguiente, pero en esta vida no es una cruz la que salva, sino la espada. O al menos eso creemos. Pero la espada de la venganza (y eso es lo que siempre afirmamos que la espada significa: la venganza de la justicia) es el símbolo perfecto de un mundo atascado en el amargo ciclo de la venganza.

---

* Véase Juan 12:44-50

Cuando Jesús abraza la cruz y clama desde la cruz: "Padre, perdónalos porque no saben lo que hacen", es cuando al mundo se le da un futuro.

No es sorprendente que cuando Pilato se encontró con Jesús en su camino a la cruz, pudiera descartar la afirmación de Jesús de que Él había venido al mundo para dar testimonio de la verdad con el cínico aforismo: "¿Qué es la verdad?".* Para Pilato, la verdad era cautiva de lo que fuese políticamente conveniente. Pilato era un político cínico y pragmático; sencillamente no tenía imaginación. No podía imaginar que hubiera ningún otro modo de vivir que el de estar en el lado ganador de la espada de la venganza. Pero Jesús sí podía, y lo hizo. Por eso el símbolo cristiano no es una espada sino la cruz. ¿Y por qué la cruz? Porque es *así* como el mundo es cambiado. Es así como el mundo es salvo. Es así como el mundo puede dejar atrás el amargo ciclo de la venganza. Es así como se da un futuro al mundo. Cuando Jesús abraza la cruz y clama desde la cruz: "Padre, perdónalos porque no saben lo que hacen", es cuando al mundo se le da un futuro. Sí, ¡en este acto es cuando al mundo se le da un futuro!

¿Pero lo creemos? ¿Creemos que el camino de la cruz, el camino de absorber el golpe y el camino de responder sólo con perdón, es el camino que conduce a un futuro esperanzador? ¿Creemos que sin perdón no hay futuro? ¿O somos demasiado "prácticos" para eso? Con práctico, quiero decir carecer de imaginación profética… o clara incredulidad. Si es así, somos más parecidos a Poncio Pilato de lo que nos gustaría admitir. Como Miroslav Volf ha observado intencionadamente:

> Pilato merece nuestras simpatías, no porque fuese un hombre bueno aunque trágicamente malentendido, sino

* Véase Juan 18:33-38

> porque nosotros no somos mucho mejores. Puede que creamos en Jesús, pero no creemos en sus ideas, al menos no en sus ideas sobre la violencia, la verdad y la justicia.[8]

Pero debemos creer. Debemos creer en Jesús, no sólo creyendo en lo que los credos confiesan con respecto a su identidad, sino también creyendo en sus ideas. Sí, debemos atrevernos a creer en las ideas radicales de Jesús del amor al enemigo y el perdón interminable, porque sin este tipo de amor y este tipo de perdón, no hay futuro. El futuro que usted busca, el futuro que usted anhela, el futuro que le liberaría de la interminable repetición del doloroso pasado, yace en su capacidad de dejar atrás el pasado por medio de la liberadora práctica del perdón basado en la fe. El perdón es el que crea el futuro en el que usted quiere vivir.

{ *5* }

EL PERDÓN QUE TRASCIENDE A LA TRAGEDIA

El perdón yace en el centro del proyecto de Dios de enderezar un mundo equivocado. El nuestro es un evangelio de perdón. Un evangelio que no ha de ser limitado al mundo de la piedad sentimental, sino un evangelio para la sanidad de las naciones. Hasta que el perdón sea aceptado como parte de la ecuación fundamental para remediar los males de nuestro mundo, inevitablemente nos encontraremos decretando o respaldando la agotada práctica de la represalia violenta, una práctica que ha causado que la historia humana sea escrita en el género de tragedia. La solución de Dios a la perpetuación de la violencia y la venganza es la asombrosa introducción del perdón.

Sólo el perdón tiene la capacidad de rescatar a la sociedad humana del destructivo torbellino de violencia y venganza y darnos una alternativa de sanidad. Sólo el perdón puede crear el mundo de paz del cual los profetas se atrevieron a soñar. El perdón es el modo en que Dios salva al pecador. La práctica del perdón es el modo en que Dios sana al mundo. El perdón es la cura milagrosa. No el perdón barato que cierra los ojos a la realidad del mal sino el costoso perdón de la cruz.

Quienes nos denominamos cristianos somos receptores del perdón que fluye de la cruz. Pero igualmente importante, somos los llamados a ser practicantes del perdón semejante al de Cristo. No sólo participamos del perdón de la cruz; tomamos la cruz. También nosotros participamos en la costosa práctica del perdón radical. También nosotros oramos en medio de nuestro dolor: "Padre, perdónalos". En un mundo quebrantado y formado en venganza, debemos ayudar a inundar la creación de la gracia salvadora del perdón; por eso el perdón ocupa la posición central en todos los lugares más importantes en la fe cristiana: el Sermón del Monte, el Padrenuestro, el Viernes Santo, el Domingo de Resurrección.

Ser cristiano es creer que el perdón salvador se encuentra en la cruz. Pero ser cristiano también significa tomar la cruz en una imitación deliberada de Jesús. Es verdad que el llamado de Cristo para nosotros de tomar nuestra cruz y seguirle a Él está lleno de muchas implicaciones, pero el entendimiento más obvio de ese llamado es que hemos de emular el modo en que Jesús respondió al mal mientras colgaba de la cruz: perdonando a los transgresores y negándose a ser arrastrado al ciclo de la venganza.

El cristianismo histórico siempre ha entendido que la salvación viene de lo que Jesús hizo en su cruz. Pero también debemos entender que somos llamados a ser embajadores de esa salvación haciendo lo mismo con nuestra propia cruz. También nosotros hemos de perdonar a los transgresores y negarnos a ser arrastrados al ciclo de la venganza. Me doy cuenta plenamente de que este es un cristianismo más radical del que la mayoría acepta. Pero quizá necesitemos que nos recuerden que la plenitud de la salvación no se obtiene a precio de ocasión; se obtiene tomando nuestra cruz y siguiendo a Jesús.

Gracia barata

La plaga de la Iglesia americana es un cristianismo de consumidor, un cristianismo cómodo, un cristianismo fácil, el cristianismo de bajo grado de: *¿qué gano yo?* Este cristianismo diluido ofrece cierto solaz al individuo pero es anémico delante de los principados y las potestades de maldad. Si la esencia de nuestro cristianismo afecta sólo a nuestros domingos en la mañana y a nuestras expectativas para después de la muerte, sencillamente estamos aceptando una versión cristianizada de lo que es nuestra verdadera religión: la religión de la autopreservación y el ascenso propio. Esta es la religión engañosa del individuo egoísta y el imperio arrogante. Esta es la religión que Dietrich Bonhoeffer denominó "gracia barata".

> La gracia barata es el enemigo mortal de nuestra iglesia... Gracia barata significa gracia vendida en el mercado como si fuera un artículo de muy mala calidad. Los sacramentos, el perdón del pecado y las consolaciones de la religión son lanzados a precios rebajados... Gracia sin precio; ¡gracia sin costo!... Gracia barata significa gracia como una doctrina, un principio, un sistema... Sólo la gracia lo hace todo, dicen ellos, y así, todo puede seguir como era antes... El mundo sigue por el mismo camino... Gracia barata es la gracia que nos otorgamos a nosotros mismos... Gracia barata es gracia sin discipulado, gracia sin la cruz.[1]

Una expectativa barata de la gracia nos engaña para que pensemos que nada realmente tiene que cambiar. Debido a que hemos "recibido a Jesús como nuestro Salvador personal", ahora poseemos nuestra salvación y simplemente esperamos ser transferidos al cielo viviendo una versión moderadamente cristianizada del status quo. Como dice en la teología de las pegatinas de parachoques: "Los cristianos no son perfectos, *sólo perdonados*". Pero las pegatinas de parachoques son un mal lugar de dónde obtener su teología. No somos *sólo perdonados*. Somos perdonados para que podamos convertirnos en practicantes del perdón radical. Somos *perdonadores* perdonados. Jesús no ofrece a sus discípulos la gracia barata de ser sólo perdonados. En cambio, Jesús llama a sus discípulos a una ética de perdón y de amor al enemigo que no tiene parecido alguno con la ética del individualismo y el imperio que vemos en el status quo. Comparemos la gracia barata de la teología de las pegatinas de parachoques con las costosas demandas del discipulado, las cuales Jesús establece en el Sermón del Monte.

> Oísteis que fue dicho: Amarás a tu prójimo, y aborrecerás a tu enemigo. Pero yo os digo: Amad a vuestros enemigos, bendecid a los que os maldicen, haced bien a los que os aborrecen, y orad por los que os ultrajan y os persiguen; para que seáis hijos de vuestro Padre que está en los cielos, que hace salir su sol sobre malos y buenos, y que hace llover sobre justos e injustos. Porque si amáis a los que os aman, ¿qué recompensa tendréis? ¿No hacen también lo mismo los publicanos? Y si saludáis a vuestros hermanos solamente, ¿qué hacéis de más? ¿No hacen también así los gentiles? *Sed, pues, vosotros perfectos, como vuestro Padre que está en los cielos es perfecto.*
>
> —MATEO 5:43-48, ÉNFASIS AÑADIDO

Hasta ahí la teología de la gracia barata de pegatinas de parachoques del "no perfecto, sólo perdonado". Jesús nos llama a una perfecta imitación de nuestro Padre celestial. Jesús vincula esto al modo en que tratamos a nuestros enemigos, cómo nos relacionamos con aquellos que son genuinamente malvados. Si nos rendimos al status quo amando a nuestros amigos y odiando a nuestros enemigos, orando por nuestros amigos y odiando a nuestros adversarios, bendiciendo a las personas buenas y odiando a las malas, nos estamos negando a llevar la imagen de nuestro Padre; nos negamos a vivir como sus hijos e hijas. Devolver bien por bien y mal por mal es el modo en que el mundo siempre ha operado. Y por eso el mundo sigue siendo un lugar violento y enojado. Jesús nos llama a llegar a ser hijos e hijas de nuestro Padre celestial mediante una imitación madura del amor y la bondad de Dios, un amor y bondad que se ofrecen al amigo y al enemigo, a buenos y malos por igual.

Será útil tener en mente que Jesús no presentó su ética del amor al enemigo en los tranquilos y seguros límites de los suburbios americanos. Jesús vivió en un mundo violento donde su tierra natal estaba ocupada por ejércitos extranjeros. Cuando Jesús era niño, una sublevación armada judía contra los ocupantes romanos se produjo en Séforis, una importante ciudad galilea sólo a unos cinco kilómetros de distancia de Nazaret (con frecuencia considerada como "la ciudad sobre un monte"). El general romano Varus aplastó brutalmente la rebelión y situó en la carretera a Séforis *dos mil* rebeldes galileos crucificados. "La horripilante escena de restos humanos clavados a cruces que recorrían los caminos era parte de la guerra psicológica de Roma, un freno para futuros protestadores".[2]

Si nos rendimos al status quo amando a nuestros amigos y odiando a nuestros enemigos, orando por nuestros amigos y odiando a nuestros adversarios, bendiciendo a las personas buenas y odiando a las malas, nos estamos negando a llevar la imagen de nuestro Padre; nos negamos a vivir como sus hijos e hijas.

Es imposible imaginar que acontecimientos como ese no tuvieran un enorme impacto sobre el joven Jesús. La crucifixión en masa de los rebeldes en Séforis sin duda moldeó el concepto de Jesús de palabras como *cruz* y *enemigo*. Nosotros hablamos de tomar la cruz en un mundo donde prácticamente nadie ha visto una crucifixión real. Jesús habló de tomar la cruz en un mundo donde las crucifixiones eran demasiado comunes. Y Jesús habló de amor al enemigo donde enemigos reales y potencialmente violentos estaban tan presentes como la guarnición romana más cercana. El contexto histórico del

Sermón del Monte de Jesús hace que sus palabras sean mucho más sorprendentes. Jesús y quienes le escuchaban sabían de cruces reales y enemigos reales.

El teólogo y pastor canadiense, Brad Jersak, nos recuerda: "Las enseñanzas de Cristo y la muerte de Cristo en la cruz no son dos asuntos separados. La *senda* de Cristo, la senda estrecha, es el camino de amar y perdonar incluso hasta la muerte. Y Él no dijo: 'Déjenme que haga eso por ustedes'. Él dijo: 'Vengan y mueran conmigo'".[3]

Convertimos el evangelio en gracia barata cuando pensamos en la cruz solamente en términos de lo que Jesús ha hecho por nosotros. La cruz es también *el camino* que somos llamados a seguir, el camino del interminable amor al enemigo. Una lectura sincera de los Evangelios hace imposible una oferta de gracia barata. Nosotros también somos llamados a amar a nuestros enemigos. Nosotros también somos llamados a perdonar a nuestros transgresores. A la persona que ha convertido su vida en un infierno viviente. Al ex esposo que le ha traicionado. A la ex esposa que le abandonó dejándole solo. Al traidor que saboteó su carrera. Al criminal que violó su seguridad. Al abusador que violó su dignidad. Al activista que defiende todo aquello a lo que usted se opone. Y la lista sigue. Somos llamados a amar, perdonar y bendecir a esos enemigos. El cristianismo de consumidor de la autopreservación y el ascenso propio nunca será capaz de estar a la altura del desafío de tomar la cruz y perdonar a un enemigo.

GRACIA RADICAL... GRACIA AMISH

De vez en cuando escuchamos una historia que nos recuerda que verdaderamente hay personas que se atreven a vivir la vida del perdón radical. El libro *Amish Grace* [Gracia Amish] relata una de esas historias y comienza con las siguientes palabras.

> *Amish. Escuela. Tiroteo.* Nunca imaginamos que esas palabras apareciesen juntas. Pero lo inimaginable se volvió real el día 2 octubre de 2006, cuando Charles Roberts IV

> llevó sus armas y su furia a una escuela Amish cerca de Nickel Mines, Pennsylvania. Cinco niñas murieron aquel día, y otras cinco fueron gravemente heridas. Convirtiendo una tranquila escuela en una casa de horror...[4]

Tristemente, América en cierto modo ha llegado a hastiarse de las noticias de tiroteos en escuelas. Desgraciadamente, es lo que hemos llegado a esperar. Pero no en la tranquila comunidad Amish de la Pennsylvania rural. Aquella vez todos quedamos sorprendidos y aterrados. ¿Cómo pudo la sangre de la violencia y el asesinato manchar el piso de una escuela Amish?

Charles Roberts era un camionero de productos lácteos de 32 años de edad en Lancaster County, Pennsylvania. Él y su esposa, Amy, tenían tres hijos pequeños. La familia asistía a la iglesia, pero Roberts era un hombre profundamente amargado. Nueve años antes, su primera hija había muerto veinte minutos después de nacer. Desde luego, Charles y Amy sufrieron. Sin embargo, Charles Roberts podía haber tenido una buena vida con su amorosa esposa y sus tres hijos; en cambio, permitió que la amargura por la muerte de su hija le consumiera y le convirtiera en un monstruo... en una bomba de tiempo.

En su nota de suicidio, Roberts también confesó haber molestado sexualmente a dos parientes jóvenes cuando él tenía doce años de edad (aunque los parientes no tenían recuerdo de aquel evento). La combinación de vergüenza e ira se convirtió en una toxina mortal en su alma. Roberts estaba enojado con Dios, enojado con la vida y enojado consigo mismo. En su mente, alguien tenía que pagar. La represalia era la ideología fundamental mediante la cual Roberts se relacionaba con Dios y con los demás. Cuando se sufría una ofensa (real o imaginaria), la represalia era la única opción. Y como Roberts no podía ejecutar su venganza directamente sobre Dios y hacer *pagar* a Dios, en cambio hizo que otras jóvenes inocentes *pagasen* por la muerte de su hija. Porque, como dice la ideología generalizada, *alguien tiene que pagar.* Según los supervivientes, Roberts dijo: "Estoy enojado con Dios y necesito castigar a algunas niñas cristianas para ajustar cuentas con Él".[5]

En una América cada vez más litigiosa, con frecuencia el primer pensamiento de las personas que han sufrido una ofensa es que *alguien tiene que pagar*. La opción de absorber el golpe y poner fin al ciclo de la represalia no se explora. La idea misma de no respuesta se considera necia y hasta *equivocada*. La liturgia de una cultura de represalia es sencilla: alguien tiene que pagar. Pero la ideología de la represalia siempre conduce a una escalada del pecado y el triunfo final del mal. En su nota de suicidio, Roberts escribió: "Estoy lleno de mucho odio hacia mí mismo y hacia Dios, y de un inimaginable vacío".[6]

Odio. Venganza. Castigo. Represalia. Ajustar cuentas. Estos conceptos destructivos se habían convertido en un agujero negro del cual Charles Robertson no podía escapar. Durante nueve años, esas ideas se habían enconado, y cuando Roberts cruzó el horizonte hacia el agujero negro del odio exponencial, el fin fue inevitable: terminaría sólo en violencia y muerte. Cuando comenzamos a jugar al juego de la represalia y de ajustar cuentas, entramos en una peligrosa esfera que puede conducir a consecuencias inimaginables. La venganza y la represalia son las semillas de ideas demoniacas. La represalia es el impulso para nuestros actos más destructivos. El hambre de venganza ha dejado en ruinas a naciones enteras. Hitler estaba impulsado por la necesidad de hacer pagar a alguien. Ya fuese por la humillación alemana en el Tratado de Versalles o por su propia humillación personal como estudiante de arte fracasado, alguien tenía que pagar. Quienes están impulsados por la venganza y la represalia son como un tornado perdido en un ensimismado torbellino, que lleva destrucción dondequiera que va.

El alma de Charles Roberts se había convertido en un tornado de destrucción, y en una soleada mañana de otoño entró en una pequeña escuela Amish de una sola habitación armado con un revólver de 9 mm, una escopeta del calibre 12, un rifle, dos cuchillos y municiones. Impulsado por el odio, Roberts había dejado de ser humano y se había convertido en un monstruo que trataba desesperadamente de borrar la imagen de Dios de su alma. En la escuela había veintiséis alumnos y una maestra. Anteriormente aquella mañana la clase había obrado el Padrenuestro. Voces de niños orando: "Perdónanos nuestras deudas así como nosotros perdonamos a nuestros deudores... librarnos del mal". Al entrar en la escuela, Roberts ordenó a las niñas que se pusieran bocabajo en la parte delantera de la habitación, cerca de la pizarra, y dejó salir a la maestra y a los niños. Él mantuvo a las diez niñas, diez niñas de edades entre seis y trece años. Roberts entonces bloqueó las puertas, ató a las niñas con cinta aislante, y anunció: "Voy a hacerles pagar por mi hija". A las 11:05 de la mañana, tres ráfagas de escopeta fueron seguidas por rápidos disparos de pistola. Charles Roberts había disparado a las diez niñas en la cabeza. Cinco murieron; cinco sobrevivieron. Roberts completó su descenso al abismo dirigiendo la pistola a él mismo. Mientras tanto, la esposa de Roberts, Amy, estaba en un grupo de oración en la iglesia presbiteriana local.

Una inexplicable maldad había invadido la tranquilidad y había llevado la tragedia a la comunidad Amish de Nickel Mines, Pennsylvania. Llegó de la forma más horrible de todas: sacrificios de niños, la matanza de los inocentes. Diez niñas disparadas en la cabeza. Cinco muertas; cinco en estado crítico. No hay nada peor que eso. Y éste podría haber sido el final de la historia; podría haber sido sólo la historia de horror de un loco y su masacre sin sentido. Pero éste no fue el final de la historia. Mientras el mundo se estremecía con la noticia de la tragedia de Nickle Mines, el mundo pronto sería sorprendido por una demostración de perdón radical, perdón que trasciende a la tragedia.

A horas de la matanza, un grupo de hombres de la comunidad Amish fue a casa de Amy Roberts a expresar... *¡perdón!* Llevaron a Amy y a sus hijos regalos de alimentos, diciendo a Amy que habían perdonado a su esposo y que no albergaban ninguna animosidad hacia ella. También prometieron ayudarla en el futuro supliendo lo que ella pudiera necesitar. Más adelante aquella tarde, un hombre

Amish visitó al padre de Charles Roberts para ofrecerle su consuelo. "Se quedó durante una hora, abrazó a aquel hombre y dijo: 'Le perdonamos'".[7] En los días siguientes, los padres de Roberts recibieron muchas más visitas de miembros de la comunidad Amish ofreciendo sus condolencias y expresando perdón.

La noche de las matanzas, mientras una triste familia Amish se reunía en su casa alrededor del ataúd de una niña asesinada en el tiroteo de la escuela, el abuelo de la niña muerta les dijo a los niños pequeños: "No deberíamos pensar mal del hombre que hizo esto". El mismo hombre más adelante dijo a Associated Press: "Espero que [la viuda y los hijos de Roberts] se queden por aquí. Tendrán muchos amigos y mucho apoyo".[8]

Cinco días después, cuando la familia Roberts se reunió para enterrar al asesino en el cementerio de la Iglesia Metodista Unida de Georgetown, más de la mitad de los setenta y cinco asistentes eran de la comunidad Amish. Algunos de los entristecidos Amish que se reunieron en torno a Amy Roberts y le ofrecieron sus abrazos de apoyo eran padres que sólo unos días antes habían enterrado a sus propios hijos. Un miembro de la familia Roberts lo describió de este modo.

> Unos treinta y cinco o cuarenta Amish llegaron al entierro. Nos dieron la mano y lloraron. Abrazaron a Amy y a los niños. No había rencores, no había malos sentimientos, sólo perdón. Es difícil creer que ellos fueran capaces de hacer eso.[9]

Sólo perdón. Los Amish tenían sólo una manera de responder a las más malvada de todas las transgresiones: sólo perdón. No hubo palabras de represalia, venganza, ajustar cuentas, o hacer pagar a alguien. Sólo perdón. Ellos imitaron a Cristo ofreciendo sólo perdón. Ellos llevaron la cruz respondiendo sólo con perdón. Ellos vivieron el Sermón del Monte demostrando sólo perdón. Ellos entendieron que había sólo una manera de producir sanidad: sólo perdón. Cuando personas de todo el país, movidas por la tragedia, enviaron dinero para ayudar a las familias Amish que habían perdido hijos, las familias Amish compartieron ese dinero con la familia Roberts. ¿Qué puede explicar este tipo de generosidad? Sólo el perdón.

Perdón radical es lo que significa tomar la cruz y seguir a Jesús.

El director del funeral que fue testigo de los actos de la comunidad Amish en el entierro de Roberts recordaba el conmovedor momento con las siguientes palabras.

> Yo tuve la suerte suficiente de estar en el cementerio cuando las familias Amish de las niñas que habían sido asesinadas llegaron para saludar a Amy Roberts y ofrecer su perdón. Y eso es algo que nunca olvidaré, nunca. Sabía que estaba siendo testigo de un milagro.[10]

El acto de perdón de los Amish cambió la historia proveniente de Nickel Mines. En lugar de la *tragedia* de Nickel Mines, los medios de comunicación comenzaron a hablar del *milagro* de Nickel Mines. El perdón cambió la historia del horror del asesinato al milagro del perdón. El milagro de Nickel Mines es un deliberado eco del milagro de la cruz. ¿Cómo es que no hablamos de la cruz de Cristo como una tragedia, que fue, después de todo, el asesinato de un hombre inocente? Se debe a que el Viernes Santo Jesús cambió la historia cuando escogió absorber el golpe y respondió sólo con perdón. Este cambio en la historia del Viernes Santo es lo que el Padre respaldó el domingo en la resurrección.

Los Amish de Nickel Mines entendieron que ellos no sólo eran receptores del perdón que fluye de la cruz, sino que tenían que ser practicantes activos del mismo tipo de costoso perdón. Y en su núcleo, perdón radical es lo que significa tomar la cruz y seguir a Jesús. Jesús llevó su cruz al Gólgota, y allí, sobre esa cruz, extendió perdón a sus asesinos. Ese es el acto radical de llevar la cruz y perdonar al enemigo, lo cual Jesús nos llama a seguir. Y por difícil que fuese para Jesús orar desde la cruz: "Padre, perdónalos", no fue menos difícil para los padres de Nickle Mines ofrecer perdón a la familia Roberts. Pero como dijeron algunos de los ancianos Amish: "Tenemos que perdonar. Negarnos a perdonar no es una opción, es sólo una parte normal de nuestra vida. Es sólo el perdón normal cristiano".[11]

¿Sólo el perdón normal cristiano? Algunos podrían suplicar no estar de acuerdo. Que el acto de perdón de los Amish en los asesinatos de Nickle Mines fue intencional puede decir algo sobre lo *por debajo de lo normal* en que se ha convertido el cristianismo posterior a Constantino. Pero ya sea que lo consideremos normal o excepcional, ese es el tipo de perdón radical como el de Jesús que capta la imaginación de un mundo totalmente resuelto a vengarse. En las secuelas de los asesinatos y el milagro del perdón, comentaristas de las noticias se preguntaban si los Amish de Nickel Mines quizá se hubieran reunido inicialmente para formalizar su decisión de perdonar. El libro *Amish Grace* aborda esta cuestión.

> ¿Cómo decidieron los Amish tan rápidamente extender perdón? Esta pregunta causó risa a algunos de los Amish cuando los entrevistaron. "¿Quiere usted decir que algunas personas realmente pensaron que nos habíamos reunido para planear el perdón?", dijo entre risas Katie, una abuela de setenta y cinco años de edad, mientras trabajaba en su cocina". El perdón era un asunto decidido -explicó el obispo Eli -. Es lo que hacemos como personas no violentas. Fue espontáneo; fue automático. No fue algo nuevo". Cada persona Amish con la que hablamos estuvo de acuerdo: el perdón para Roberts y la gracia para su

> familia habían comenzado como expresiones espontáneas de fe, no como mandatos de la iglesia.[12]

Los Amish como comunidad no violenta, no vengativa, han desarrollado una cultura en la que el perdón como el de Cristo se entiende como la única opción para un seguidor de Cristo. Como tales, ellos no tienen que considerar cada caso y sopesar los méritos del perdón contrariamente a la represalia. El perdón sencillamente se entiende como algo no negociable para un cristiano. Eso no significa que el perdón sea necesariamente fácil; y ciertamente no significa que a las víctimas cristianas de injusticias del mundo *no les importe*. Como observa N. T. Wright: "Perdón no significa 'no me importó' o ' no importó'. Sí me importó y sí importó; de otro modo, no habría nada que perdonar en absoluto".[13]

En aquel trágico día en octubre de 2006 se derramó sangre en una escuela Amish. Desde que Caín mató a Abel, el camino del mundo ha sido de sangre derramada que clama por más sangre derramada. El apetito humano por el derramamiento de sangre parece ser insaciable. La raza humana ha dejado un legado sangriento, una historia escrita con sangre y un mapa cuyas fronteras están trazadas con sangre. Pero el escritor de Hebreos nos dice que, al venir Cristo, hemos llegado a "la sangre rociada que habla mejor que la de Abel".*

Sangre que clama perdón

La sangre de Abel clamaba venganza y trajo una maldición sobre Caín. Pero la sangre de Jesús clama perdón y trae una bendición sobre el pecador. Aquellos que creen en la sangre perdonadora de Jesús han abandonado la necesidad de venganza sangrienta. Así, Michael Hardin escribe: "Para los Amish, la sangre de sus niñas no clamaba por represalias, por venganza. Más bien, la sangre de las niñas Amish clamaba en el corazón de la comunidad Amish: 'Perdón'".[14]

Sí, yo creo que la sangre de aquellas niñas tiene una voz: una

* Hebreos 12:24

voz que susurra *perdón*. ¿Acaso aquellas niñas no habían hecho una oración poco antes: "Perdónanos nuestras deudas así como nosotros perdonamos a nuestros deudores" y "líbranos del mal"? ¿Quién sabía que las deudas que ellas necesitarían perdonar serían las de sus propios asesinatos? ¿Y qué de la oración de ser libradas del mal? ¿Quedó sin contestar esa oración? No lo creo. Aunque ellas no fueron liberadas del mal del asesinato, fueron liberadas del mal de ser *definidas* por el mal. Aquellas pequeñas niñas Amish no son recordadas meramente como víctimas sino como mártires del evangelio del perdón. No se permitió que la maldad tuviera la última palabra en sus vidas. Debido a la comunidad a la que ellas pertenecían, el perdón tuvo la última palabra, y ellas fueron libradas del mal.

El acto de perdón en Nickel Mines no borró la tragedia, sino que trascendió a ella. Trascender al mal no es lo mismo que ignorar el mal. El perdón cristiano delante de la maldad real no es una fantasía liberal de fingir que el mal no ha sido tan malo; el perdón cristiano es un medio de trascender al mal y negarse a participar del mal en sus propios términos. Debido a que los Amish de Nickel Mines escogieron perdonar, el mal no tuvo la última palabra. Cuando Charles Roberts disparó sus armas, esperaba escribir la frase final, una frase de venganza escrita en sangre. Pero con el sencillo (o no tan sencillo) acto de perdón, la historia fue cambiada. Charles Roberts no tuvo la última palabra. La última palabra no fue sobre represalia. Los Amish fueron capaces de reescribir la tragedia, una tragedia en la que ellos no habían escogido participar. Y aunque no tuvieron elección en cuanto a participar en la tragedia, sí tuvieron opción en cuanto a qué papel desempeñarían ellos y cómo terminaría la historia. Ellos escogieron absorber el golpe, poner fin al ciclo de la venganza y escribir la historia en términos diferentes. En lugar de hacer un reparto compuesto sólo por un villano y víctimas, ahora la historia añadiría santos y sanadores al reparto.

Si la historia de Nickel Mines fuese a convertirse en una película, no sería una película de terror o ni siquiera una tragedia (aunque la tragedia desempeña un enorme papel en la historia). En cambio, una película sobre el tiroteo de Nickel Mines de alguna manera terminaría siendo una película sobre esperanza y sanidad. Las lágrimas que se derramarían en el cine no serían sólo lágrimas de tristeza; también serían las lágrimas de gozo cuando el alma humana responde a la conmovedora belleza del perdón. Este es el poder del perdón, un poder que trasciende a la tragedia y convierte el quebrantamiento en esperanza. Eso es algo que *solamente* el perdón puede hacer.

El único modo en que la tragedia del Viernes Santo pueda terminar en la esperanza del Domingo de Resurrección es que a la víctima se le dé el papel de santo, absorba el golpe y ore: "Padre, perdónalos".

En el siguiente capítulo exploraremos la compleja relación entre perdón y justicia, pero en este punto quiero decir algo sobre la reticencia de los Amish (y creo que de los cristianos) a participar en la justicia punitiva (justicia motivada únicamente por un deseo de castigar). Aunque hay un lugar en la justicia cristiana para la protección, la restitución y la restauración, el deseo del castigo por el castigo debe, en el mejor de los casos, considerarse como muy sospechoso. Con demasiada frecuencia, el único propósito de la justicia punitiva es satisfacer nuestra hambre de venganza, y el espíritu de venganza no tiene lugar en la comunidad cristiana.

Durante los cuatro primeros siglos de la Iglesia, la justicia punitiva no fue parte del concepto cristiano de justicia. Sin embargo, tristemente, a lo largo de los siglos el concepto bíblico de justicia reparadora ha sido distorsionado y convertido en una justicia que es en gran parte punitiva y reivindicativa. Consideremos lo ajenas que las palabras de Agustín suena a nuestros oídos, quien, temiendo que una sentencia de muerte se proclamase sobre los asesinos de algunos de sus amigos, escribió en el año 412 al juez Marcelinus:

> No deseamos el sufrimiento de los siervos de Dios vengados mediante la aflicción de injurias precisamente similares en forma de represalia... No seamos provocados por la atrocidad de sus obras pecaminosas a gratificar la

> pasión de venganza, sino más bien seamos movidos por las heridas que esas obras han infligido a sus propias almas a ejercitar un deseo de sanarlos.[15]

El concepto de justicia de Agustín era que debía estar motivado por un deseo de sanar las almas de aquellos que habían cometido asesinato, y no meramente de satisfacer un hambre de venganza. Sin duda, esto suena ajeno a los oídos de una cultura alimentada en la venganza. Tengamos en mente que como el arquitecto de la teoría de la guerra justa, Agustín no era ultraliberal en el moderno sentido de la palabra. Sin embargo, una justicia que fuese meramente punitiva y no hiciese nada más que satisfacer el deseo carnal de venganza era detestable y profundamente no cristiana para Agustín. Su postura sobre el asunto no era ni extrema ni única; era simplemente la perspectiva aceptada de la Iglesia primitiva. Pero las cosas han cambiado de modo dramático en la era de la Iglesia posterior a Constantino, y se plantea la inquietante pregunta: *¿a quién ejecutaría Jesús?*

Para los Amish de Nickel Mines, la venganza (incluso si el asesino hubiera sobrevivido) estaba fuera de la cuestión. Actuando como seguidores de Cristo, ellos escogieron perdonar al asesino y mostrar misericordia a su familia. También decidieron derribar la escuela que fue el escenario de una maldad tan horrible. Medio kilómetro más adelante en la carretera construyeron una nueva escuela y la llamaron Nueva Esperanza. No podría ser un nombre más adecuado. Ante la tragedia más horrible, sólo una cosa podía dar a los Amish de Nickle Mines una nueva esperanza, y eso era el perdón. Una una vez más se nos recuerda que sin perdón no hay futuro. Pero con perdón, el eclipse de la bondad que marca el Viernes Santo da lugar al amanecer de esperanza que es el Domingo de Resurrección.

El perdón cristiano no es ni ignorancia ni amnesia. El perdón sabe y también recuerda. El perdón no nos llama a olvidar. ¿Quién puede olvidar el Viernes Santo? ¿Y Auschwitz? ¿O Nickle Mines? El perdón cristiano no nos llama a olvidar sino a agotar el mal poniendo fin al ciclo de la venganza. Perdón no es fingir que el mal no se produjo o intentar decirnos a nosotros mismos que realmente no fue un mal. Puede que ese sea un enfoque aceptable dentro del budismo, el cual niega la existencia del mal, pero ese enfoque es inaceptable dentro del cristianismo. Para el cristiano cuya fe está arraigada en el Viernes Santo, la existencia de un mal real, tanto humano como demoniaco, es innegable. Jesús *fue* crucificado, y eso *fue* injusto y *fue* un mal. Pero el mal no tiene que tener la última palabra el Viernes Santo (por eso se llama Viernes *Santo* y no viernes *negro*). Mediante absorber el mal en perdón sin una represalia vengativa, Jesús venció al mal; y su resurrección el domingo no fue el ascenso de la venganza sino el triunfo del perdón.

Por eso el apóstol Pablo, escribiendo a cristianos del primer siglo que vivían en un mundo muy injusto, pudo decir: "No paguéis a nadie mal por mal" y "No seas vencido de lo malo, sino vence con el bien el mal".* Cuando Jesús oró desde la cruz: "Padre, perdónalos", venció con el bien el mal. No había nada más que el mal pudiera hacer. El mal había recorrido su curso y se había agotado sobre Jesús. Cuando la única respuesta de Jesús fue ofrecer perdón, el mal simplemente había sido vencido por el bien. El mal había llegado al final de la línea. El mal había hecho todo lo malo y se había quedado sin gas.

El triunfo de la cruz

En su carta a los Colosenses, Pablo dice que, en la cruz, "desarmó a los poderes y a las potestades, y por medio de Cristo los humilló en público al exhibirlos en su desfile triunfal".† ¿Cómo triunfa la cruz sobre los principados y las potestades, las estructuras de poder (tanto humanas como demoniacas) que han mantenido a la humanidad inmersa en el interminable ciclo de la venganza y la represalia? Absorbiendo el golpe y ofreciendo perdón a quienes cometían el delito de deicidio: el asesinato de Dios. Por eso la última frase desde la cruz

* Romanos 12:17-21

† Colosenses 2:15, NVI

es: "Consumado es".* ¡El interminable ciclo de venganza y represalias fue consumado en la cruz! Ahora el perdón ocuparía el escenario y comenzaría a rehacer un mundo según la bondad del perdón.

El perdón lo cambia todo. La bondad del Viernes Santo es la bondad del perdón. Aunque sigue siendo una trágica historia, la historia que surge de Nickel Mines es finalmente una buena historia. Eso es lo que el perdón puede hacer. Cuando usted escoge perdonar, pasa de víctima a santo en su propia historia. Cuando escoge perdonar, se convierte en *su* historia, y no en la historia del ofensor. Cuando escoge perdonar, se le da a usted el potencial de trascender a la tragedia. Cuando escoge perdonar, aunque usted es tocado por el mal, no queda definido por él. Cuando escoge perdonar, usted vence el mal con el bien. Al final, su historia no será una mala historia sino una buena historia. Si puede creer en el Viernes Santo y el Domingo de Resurrección, puede creer que su encuentro con el mal puede finalmente convertirse en una buena historia, una historia donde el mal es vencido por el bien.

{ Sin perdón no hay futuro. Pero con perdón, el eclipse de la bondad que marca el Viernes Santo da paso al amanecer de esperanza del Domingo de Resurrección. }

Como personas que creemos en la victoria de la cruz, necesitamos reclamar el triunfo del perdón en la esfera de la imaginación. Vivimos en una cultura que constantemente celebra y glorifica la violencia vengativa y vigilante, especialmente en la esfera del entretenimiento. Esto se debe, en parte, a que sólo mediante un concepto de justicia pervertido es como nuestra cultura puede *justificar* su obsesión por la pornografía de la violencia, desde películas hasta juegos de video. En el competitivo y lucrativo mercado de los juegos de video, la búsqueda

* Juan 19:30

se ha convertido en ver quién puede producir las representaciones de violencia y baños de sangre de manera más realista y gráfica. Lo que era atrozmente violento hace diez años ahora se considera insulso.

Pero para justificar esta escalada de la violencia, el concepto de justicia debe ser degradado hasta convertirlo en venganza. Así, las imaginaciones de los jóvenes están siendo captadas y moldeadas por una destructiva obsesión por la venganza y la represalia. La hombría se define por la capacidad de vengarse mediante la violencia. Según esta definición, Jesús no fue un "verdadero" hombre. Si usted no reconoce la mentira de Satanás en eso, es que no está prestando atención. Pastores y líderes cristianos necesitan insistir en que la pornografía de la violencia es, al menos, tan no cristiana como la pornografía sexual. Y en última instancia no tan diferente, ya que ambas son intentos de deshumanizar a otros y relegar a las personas a la condición de objetos para usar o abusar de ellos para nuestra propia satisfacción.

Un rechazo a esta perspectiva anti humana es el motivo por el cual fueron los cristianos quienes pusieron fin a los juegos de gladiadores de la antigua Roma. En Cristo, ellos creían que el derramamiento de sangre violento terminó en la cruz, y que en el nuevo mundo que Dios está en proceso de crear en Cristo, la violencia como justicia punitiva o perverso entretenimiento no tiene lugar alguno. Los primeros cristianos creían que la violencia como entretenimiento es una pecaminosa afrenta a la dignidad humana. Cuando cristianos miren la violencia infligida sobre Cristo en la cruz, debería hacerles gritar: "Nunca más". Nunca más respaldaremos el uso de la violencia sobre otras personas que llevan la imagen de Dios. La cruz de Cristo necesita ser el lugar donde todo eso se termina. La cruz de Cristo necesita ser (¡y lo es!) el punto de comienzo del nuevo mundo de Dios.

La cruz libera la imaginación para descubrir cómo el perdón trasciende a la tragedia y cómo el bien triunfa sobre el mal.

En Cristo el perdón es glorificado, no la violencia, ni tampoco la venganza. La cruz libera la imaginación para descubrir cómo el perdón trasciende a la tragedia y cómo el bien triunfa sobre el mal. Cuando escogemos perdonar, rescribimos el argumento de la historia. Cuando perdonamos, somos capacitados para darnos un nuevo papel en nuestra propia historia. Cuando perdonamos, reclamamos la historia para nosotros mismos; ya no es una trágica historia cuyo guión debemos seguir y somos obligados a hacerlo.

Con perdón, la historia da un giro dramático hacia un final alternativo: final alternativo que se corresponde con el Domingo de Resurrección. Sin perdón, al mal se le permite escribir la última palabra, y con frecuencia esa palabra es *represalia*. De esta manera, el mal se transmite de generación a generación como un virus demoniaco, y generaciones de vidas humanas son arruinadas mientras que el virus del mal sigue viviendo. Pero el perdón cambia todo eso. Cuando el virus del recalcitrante mal se encuentra con el perdón de la cruz, es finalmente vencido. Este es el tipo de perdón radical que Jesucristo enseñó y modeló, un perdón que capacita a los seres humanos para cambiar la historia y trascender a la tragedia.

{ 6 }

PERDÓN Y JUSTICIA

AL ASIMILAR EL llamado de Cristo para sus discípulos a ser practicantes de perdón radical, inevitablemente nos encontramos con la espinosa cuestión de cómo se relaciona el perdón con la justicia. El salmista imagina una reunión de misericordia y verdad, un abrazo entre justicia y paz.

> La misericordia y la verdad se reúnen;
> la justicia y la paz se besan.
>
> —SALMO 85:10, TRADUCCIÓN DEL AUTOR

¿Pero de qué manera? ¿Cómo pueden reunirse misericordia y verdad? ¿Cómo puede besarse justicia y paz? ¿Hay una manera en la cual la misericordia del perdón pueda besar a la verdad de la justicia y no ser un beso de Judas o una traición? Al perdonar, ¿estamos diciendo adiós a la justicia? Si perdonamos al ofensor por su transgresión y dejamos que esa persona *sencillamente se salga con la suya*, ¿acaso no ha sido traicionada la justicia? Por tanto, nos enfrentamos a la inquietante pregunta de si el perdón y la justicia están enfrentados. ¿Tenemos que escoger lo uno o lo otro: justicia o perdón? ¿Hay momentos en que el perdón y la justicia son mutuamente exclusivos?

Necesitamos ser lo suficientemente sinceros para admitir que, a veces, perdón y justicia pueden parecer irreconciliables. El filósofo Nietzsche llegó hasta el extremo de sugerir que perdonar actos extremamente injustos es parte de lo que él denominó *moralidad esclava*: la moralidad del débil. Al operar desde una base que niega la existencia de Dios, Nietzsche lo veía así: el fuerte tiene la capacidad de obtener venganza, pero el perdón es el único recurso a disposición del débil. Según Nietzsche, el perdón es un medio por el cual el débil manipula al fuerte. Así, una moralidad que insiste en el perdón en todas las situaciones es, en realidad, una expresión de debilidad.

Desde luego, el cristiano tendrá que hacerse a sí mismo esta pregunta: cuando Jesús dijo: "Padre, perdónalos", ¿fue eso un acto de fortaleza o un acto de debilidad? En el drama del Viernes Santo, ¿quién es el que muestra fortaleza? ¿Es Caifás? ¿Es Pilato? ¿Es Jesús? Caifás y Pilato representaban la innegable fortaleza del imperio romano y del sistema religioso que se confabuló con él. Ellos poseían la capacidad de sentenciar a muerte a los hombres; desde una perspectiva, la mayor capacidad de todas. ¿Pero qué fortaleza y capacidad están presentes cuando un hombre inocente que atraviesa una ejecución patrocinada por el estado perdona a quienes le ejecutan? ¿Es ésa meramente una moralidad de debilidad? ¿La moralidad de esclavo de Nietzsche? No hay duda de que el cristiano tiene preparada una respuesta, pero aun así permanecen las perplejas preguntas pertenecientes a la complicada relación entre perdón y justicia.

Entender la justicia

Parte del problema es el concepto mismo de justicia. ¿Qué queremos decir con justicia? Justicia es una palabra que todo el mundo cree entender, pero en el momento que pasamos a definirla, las cosas se vuelven complicadas. El diccionario define justicia como: "el mantenimiento o la administración de lo que es justo especialmente por el ajuste imparcial de términos conflictivos o la asignación de recompensas o castigos merecidos". Con toda sinceridad, eso probablemente no nos ayude mucho. Y puede ser de algún modo una admisión tácita de que a pesar de todo nuestro uso de la palabra *justicia*, seguimos sin estar bastante seguros de lo que es. En el contexto de nuestra propia experiencia con lo que consideramos ser un trato injusto, el uso de la palabra *justicia* probablemente tenga algo que ver con protección, castigo, recompensa o alguna combinación de las tres cosas. Por tanto, cuando nos vemos a nosotros mismos como una víctima que busca justicia, generalmente queremos decir que estamos buscando *protección* de aquellos que nos hacen daño o nos harían daño; o que estamos buscando *el castigo* de quienes nos han hecho daño; o que estamos buscando *recompensa* por lo que hemos perdido mediante los actos injustos de otros. Desde luego, eso es lo que nuestros sistemas de justicia legal y criminal intentan proporcionar. Pero las cosas nunca son tan sencillas como eso.

Por una parte, la justicia es con frecuencia un asunto de perspectiva. Estar sinceramente convencido de la rectitud de nuestra propia causa no es garantía de que tengamos la razón. El engaño con respecto a la rectitud de nuestra causa puede que sea la forma más común de autoengaño. El concepto mismo de justicia nos diría que en todas las guerras al menos una parte es injusta. ¿Pero quién va a la guerra sin creer que su causa es justa? Si alguna vez ha participado en ayudar a mediar en disputas, sabrá lo complicadas que pueden ser las cosas. Salomón observó sabiamente, aunque quizá con desaliento: "El primero en presentar su caso parece inocente, hasta que llega la otra parte y lo refuta".* Bob Dylan lo dice del siguiente modo:

> Es un agitado sentimiento de hambre
> Que no hace bien a nadie,
> Cuando todo lo que yo estoy diciendo
> Tú puedes decirlo igual.
> Tienes razón desde tu perspectiva,
> Y yo tengo razón desde la mía.

---

* Proverbios 18:17, NVI

Ambos estamos a demasiadas mañanas
Y a miles de kilómetros detrás.[1]

"Tienes razón desde tu perspectiva, y yo tengo razón desde la mía". ¿No es así como sucede con frecuencia? La justicia no siempre es blanco y negro; a veces apenas puede discernirse. Quién tiene razón y quién está equivocado puede ser enormemente complicado. Y cuando estamos implicados en una disputa, nos serviría muy bien recordar que nuestra perspectiva puede que esté limitada. Miroslav Volf nos recuerda astutamente: "Cuando nos miramos el uno al otro mediante las miras de nuestras pistolas sólo vemos la rectitud de nuestra propia causa. Pensamos más en cómo aumentar nuestro poder que en aumentar nuestro pensamiento".[2]

Intentar ganar una pelea (¡y mucho menos una guerra!) normalmente no es una buena manera de llegar a la verdad. Con demasiada frecuencia la verdad se sacrifica por causa de la pelea. Cuando tenemos algo en juego en el asunto, tenemos la tendencia natural a simplificar en exceso lo que constituye justicia, y con frecuencia *justicia* es poco más que *salirme con la mía.*

Imagine que está usted implicado en una disputa por una propiedad con su vecino. El vecino ha construido un cobertizo que se mete casi un metro en su propiedad. Usted no quiere que un cobertizo ocupe un metro de su propiedad. Los intentos de rectificar el punto muerto con su vecino fracasan, así que lleva usted el asunto a los tribunales. El juez escucha el caso, decide a favor de usted y ordena que se derribe el cobertizo. Usted queda satisfecho. ¿Pero se ha hecho justicia? Quizá. Ciertamente usted puede pensar que sí. ¿Pero justicia para quién? ¿En qué punto en el pasado comenzamos a anotar la puntuación a fin de decidir lo que es justo? Si el juez hubiera dado un veredicto alternativo: "He escuchado su caso, he considerado sus argumentos, y he decidido devolver las propiedades de ustedes dos a los indios nativos a quienes se les robaron hace 150 años". ¿Es quizá eso justicia? Se podría argumentar que es un *tipo* diferente de justicia. Podría parecer justo bajo una perspectiva pero patentemente injusto bajo otra. Cuando hablamos sobre justicia, con frecuencia lo hacemos utilizando límites artificiales. Queremos decir justicia en un contexto contemporáneo, no un contexto histórico. Queremos decir justicia limitada, no justicia general; queremos decir justicia para mí, no para todos. Deberíamos sospechar de aquellos que son demasiado celosos y tienen demasiada confianza en cuanto a lograr justicia en un sentido absoluto. Lo cierto es que probablemente *no* queremos justicia tanto como decimos. Como observa Miroslav Volf: "Si si usted quiere justicia y nada más que justicia, inevitablemente obtendrá injusticia".[3]

Pero eso no es consentir la anarquía. La necesidad de la protección de la justicia es incuestionable. La sociedad tiene una obligación de proteger al débil del fuerte, y de guardar al ciudadano del criminal. Así, el apóstol Pablo puede hablar de quienes se ocupan en hacer cumplir la ley civil como: "servidor de Dios para tu bien".[*] Igualmente, tenemos tribunales con la autoridad de ordenar restitución con la intención de enderezar ofensas del pasado.

El asunto de la justicia punitiva (castigo) es más complejo, pero pocos dudarían de que la justicia punitiva tiene cierto papel en una sociedad civil. Cuando el sistema funciona, en realidad ayuda a la víctima a participar en el perdón. En casos criminales, el estado lleva la carga de la justicia, mientras que la víctima es libre para perdonar, si así lo escoge. En casos criminales, el perdón de la víctima tiene poco peso sobre el ejercicio de justicia del estado. Por tanto, si una víctima de violación escoge seguir el llamado de Cristo a practicar el perdón radical, el estado lo considerara como bueno y bien, pero aún así impondrá un castigo. Eso es lo ideal. Eso es gobierno en su mejor estado. Esa es la autoridad que Dios ha delegado al gobierno civil.[†]

De nuevo subrayo que el perdón no necesariamente nos llama a olvidar; el perdón nos llama a poner fin al ciclo de la venganza. Parte de la razón por la que nos atrevernos a poner fin al ciclo de la venganza es que hemos dejado a Dios el asunto de la justicia. Nosotros

* Romanos 13:4

† Véase Romanos 13:1 ss.

perdonamos, y dejamos la justicia a Dios. En ciertas situaciones, eso significa dejar la cuestión de la justicia al estado, el cual posee la espada y puede actuar hasta cierto grado como representante de la justicia divina.

JUSTICIA Y FE

En última instancia, nuestra esperanza de justicia está con nuestra fe en Dios y no en el gobierno. Los gobiernos pueden ser tiranos; los jueces pueden ser sobornados; los policías pueden ser corruptos. Desde una perspectiva humana, la justicia no siempre se logra, aun cuando todos los implicados sean sinceros y tengan buenas intenciones. Para un ateo como Nietzsche, el perdón de una atroz injusticia puede ciertamente ser debilidad. Pero para quienes creemos en un Dios que está personalmente comprometido con la causa de la justicia, el perdón es un acto de fe y no de debilidad. La elección de perdonar no es exonerar al criminal; es una elección de poner fin al ciclo de la venganza y dejar el asunto de la justicia en manos de Dios.

Esta perspectiva sobre la justicia nos ayuda a entender lo que se conoce como los *salmos imprecatorios*: los salmos que *maldicen*. Son los enojados salmos que ruegan a Dios que haga justicia y infligiendo su ira sobre los malvados. Lo que aprendemos de los salmos imprecatorios es que la ira contra la injusticia le pertenece a Dios. En lugar de albergar ira contra la injusticia en nuestro corazón, donde se le permite que se desarrolle y se corrompa, ponemos nuestra ira delante del trono de Dios, reconociendo que Dios, y solamente Dios, es capaz de juzgar al mundo con rectitud. La ira contra la profunda injusticia es inevitable. Esa ira puede llevarse delante de Dios de manera apropiada por medio de los salmos imprecatorios. En medio de nuestro mundo injusto, clamamos a Dios para que Él juzgue al mundo y establezca justicia, y a veces lo hacemos con gran pasión. Pero es ahí donde pertenece tal pasión: delante del trono de Dios y no albergada en nuestro corazón o amontonada sobre la cabeza de nuestro enemigo. Dietrich Bonhoeffer aborda directamente y con perspectiva los a veces inquietantes salmos imprecatorios en su libro *Life Together*, un libro que escribió mientras dirigía un seminario clandestino en la Alemania nazi.

> ¿Podemos nosotros, entonces, orar los salmos imprecatorios?… Un salmo que no podamos pronunciar como oración, que nos haga desfallecer y nos aterrorice, nos da una indicación de que aquí Alguien más está orando, no nosotros; que aquel que… está invocando el juicio de Dios… no es otro que Jesucristo mismo. Él es quien ora aquí, y no sólo aquí sino en todo el salterio… mediante la boca de su Iglesia.[4]

El propósito de "las partes furiosas de los Salmos", como las llamaba C. S. Lewis, tiene que ver con situar nuestra ira con respecto a la injusticia violenta delante de Dios y confiar en que Dios lleve a cabo justicia. Pero unas palabras de precaución: los salmos imprecatorios son el modo en que los santos han orado con respecto a la injusticia violenta y asesina, desde los antiguos señores de la guerra semitas hasta los nazis. Pero *no* es así como nosotros hemos de orar con respecto a nuestros hermanos y hermanas en Cristo con los que sencillamente no podemos llevarnos bien. El modo en que Dietrich Bonhoeffer podría orar con respecto a Hitler no es el modo en que nosotros hemos de orar con respecto a miembros de la iglesia que nos irritan. La oración de ira imprecatoria es una respuesta a lo monstruoso, no a lo trivial.

Justitia (Lady Justicia), la diosa romana de la justicia, ha ayudado por mucho tiempo a formar el concepto occidental de justicia. Ella se representa sosteniendo una balanza en su mano izquierda, una espada en su mano derecha y llevando una venda en los ojos. La balanza es la balanza de la justicia, la espada es la espada del juicio, y los ojos vendados representan imparcialidad. Hasta el día de hoy, la diosa romana Justitia es la imagen simbólica de justicia en el mundo occidental, que frecuentemente adorna los tribunales. Pero hay problemas con esta descripción de justicia. Por una parte, ¿realmente queremos a alguien que sostenga una espada con los ojos vendados?

Voy a sugerir que la justicia ciega, o incluso imparcial, *no* es necesariamente lo que encontramos cuando tratamos con el Dios de la Biblia. En cambio, con sus ojos bien abiertos, Dios parece tener una predisposición a mostrar cierto tipo de parcialidad hacia los pobres, las viudas, los huérfanos y los extranjeros. Toda la tradición profética de los profetas hebreos da testimonio de esto. La manera más común en que la palabra *justicia* se utiliza en los libros proféticos del Antiguo Testamento tiene que ver con defender la causa de aquellos que corren el peligro de formar una subclase permanente en la sociedad. Aunque puede ofender a nuestra moderna inclinación democrática por el igualitarismo, el testimonio de la Escritura es claro en que Dios está comprometido con defender la causa del débil y del pobre de una manera en que no está comprometido a defender la causa del fuerte y del rico.

Además, el concepto de justicia de Dios tal como se revela en la Escritura parece tener mucho más que ver con pacto y relación que con una justicia fría, dura e imparcial. El mayor compromiso de Dios parece ser al pacto y la reconciliación, un compromiso que, a veces, parece eclipsar lo que podríamos denominar justicia. Esto es especialmente cierto cuando consideramos la relación de pacto de Dios con Israel en el Antiguo Testamento.

En el capítulo cuatro del libro de Jueces se nos dice: "Los hijos de Israel volvieron a hacer lo malo ante los ojos de Jehová".[*] Este es un tema recurrente en el libro de Jueces. Como resultado de su maldad, Dios sujetó a Israel a los cananeos. Pero cuando Israel clamó al Señor, Él oyó y los liberó (¡otro tema recurrente!). Pero después, en el capítulo cinco, esto se denomina justicia.[†] Parece como si la justicia es lo que sucede cuando Dios actúa por causa de su pueblo del pacto, sin considerar la rectitud de su causa. En este punto en la narrativa

* Jueces 4:1

† Jueces 5:11

histórica de la Escritura, Dios parece más interesado en alcanzar una relación de fidelidad con Israel que en lograr justicia imparcial entre los clanes guerreros del antiguo Oriente Medio

Para decirlo de otro modo, Dios interpreta la justicia en términos de relación y reconciliación, no necesariamente en términos de lo que nosotros podríamos considerar justo. Y ya que el objetivo final de Dios parece ser la reconciliación y no meramente la retribución o incluso la compensación de las ofensas, por eso el perdón no puede recorrer todo su curso y lograr el objetivo final de la reconciliación a menos que la parte ofensora participe en un arrepentimiento genuino, un arrepentimiento donde el pecado sea reconocido, nombrado como pecado y abandonado. Pero el arrepentimiento debe entenderse correctamente. Arrepentimiento no es la práctica punitiva de la penitencia, sino la práctica transformadora de afrontar la verdad y alejarse del pecado. Solamente esto hace posible la reconciliación final.

Por tanto, si peca contra nosotros una persona que de alguna manera nos hace daño, podemos perdonarla en el sentido de tomar la decisión de poner fin al ciclo de la venganza y dejar el asunto de la justicia en manos de Dios. Pero para que haya la posibilidad de reconciliación y la restauración de la relación, debe haber arrepentimiento. La restauración de la relación sin arrepentimiento es una *reconciliación barata*, lo cual la Escritura no respalda. Esto ciertamente sería una *moralidad esclava*, y no es lo que la Biblia nos llama a hacer. Pero debemos tener cuidado de no confundir arrepentimiento y retribución. Cuando la parte ofensora puede decir con sinceridad: "Lo siento", se ha abierto la puerta a la reconciliación. Y quienes perdonamos como seguidores de Cristo debemos estar dispuestos a pasar por esa puerta y dejar el asunto de la justicia punitiva en manos de Dios (lo cual en ciertas situaciones puede significar el estado). Permítame decirlo de modo tan sencillo como pueda: el objetivo del perdón y *el objetivo de la justicia* es la reconciliación, no la retribución.

EL OBJETIVO: RECONCILIACIÓN

En su forma más básica, el perdón es la elección de resistir responder al mal con mal, resistir responder al odio con odio, resistir responder a la violencia con violencia, resistir responder a la malicia con malicia. Ese es el requisito básico del perdón; pero solamente eso no logra el objetivo final de la justicia, que es la reconciliación. Para que la reconciliación se produzca, debe haber arrepentimiento por parte del ofensor. El perdón puede producirse de modo unilateral, pero la reconciliación requiere la participación de ambas partes. Eso es lo que el apóstol Pablo plantea en Romanos 12:17-21:

> No paguéis a nadie mal por mal; procurad lo bueno delante de todos los hombres. Si es posible, en cuanto dependa de vosotros, estad en paz con todos los hombres. No os venguéis vosotros mismos, amados míos, sino dejad lugar a la ira de Dios; porque escrito está: Mía es la venganza, yo pagaré, dice el Señor. Así que, si tu enemigo tuviere hambre, dale de comer; si tuviere sed, dale de beber; pues haciendo esto, ascuas de fuego amontonarás sobre su cabeza. No seas vencido de lo malo, sino vence con el bien el mal.

Hace varios años, un miembro de la iglesia acudió a mí con una queja contra otro miembro de la iglesia (a los pastores les encanta cuando eso sucede). Su queja implicaba un depósito de 500 dólares en disputa de una propiedad en alquiler que él poseía. Su parte de la historia era complicada, y aunque yo podía ver cuál era su punto, no estaba totalmente seguro de que él tuviera la razón. Pero para decir la verdad, yo no estaba interesado en absoluto en quién tuviera la razón. Yo no soy juez; soy pastor. Y como pastor, yo no estaba tan interesado en la justicia como lo estaba en la reconciliación. Quería que esos dos miembros de la iglesia fuesen amigos y se llevasen bien. Decidí que valían la pena los 500 dólares para mí, así que le dije lo siguiente al miembro de la iglesia ofendido. "Lo que quiero que usted haga es perdonar. Quiero que perdone a su hermano en Cristo y que suelte el asunto. Yo le daré personalmente los 500 dólares. Yo pagaré de mi propio bolsillo lo que se le debe. Usted no se quedará sin dinero. Por causa de mí, le pido que perdone a su hermana". El resultado fue que se enfureció conmigo y dejó la iglesia. Él no estaba interesado en la reconciliación; ni siquiera estaba interesado en la justicia; lo que quería era retribución, pura y simple. Quería seguir igual con alguien que no le gustaba y ver a esa persona sufrir. Él quería que ella fuese humillada, y quería utilizarme a mí como figura de autoridad para asegurar el golpe sobre su enemigo. Cuando yo, en cambio, le rogué que se reconciliase, hasta el punto de estar dispuesto a cubrir la ofensa de mi propio bolsillo… me *crucificaron*. Esa experiencia me ayudó a entender la perspectiva de Dios sobre la justicia.

Arrepentimiento no es la práctica punitiva de la penitencia, sino la práctica transformadora de afrontar la verdad y alejarse del pecado.

Para Dios, el objetivo de la justicia es siempre la reconciliación. La justicia punitiva a veces puede ser parte del viaje necesario hasta ahí, pero la reconciliación es siempre el objetivo. Así, el mayor acto de justicia de Dios es salvar al pecador, y Dios lo hace mediante la "injusticia" de la gracia. Si alguna vez hemos de entender al Dios de la Biblia y llevarnos bien con Él, vamos a tener que asimilar la "injusticia" de su gracia. Eso es precisamente lo que el hermano mayor en la parábola del hijo pródigo no estuvo dispuesto a hacer.

Desde luego, la parábola del hijo pródigo fue la respuesta de Jesús a los fariseos cuando ellos criticaron su práctica de dar la bienvenida a pecadores y compartir comidas con ellos. En la parábola, el hermano mayor no estaba dispuesto a aceptar que el más alto compromiso de su padre era con la relación y no con las reglas. Para el hermano mayor, era inaceptable que alguien que había roto las reglas fuese recibido de nuevo a la relación simplemente sobre la base del arrepentimiento y la gracia. Pero para el padre, era inaceptable que su hijo que había regresado *no* fuese aceptado de nuevo a la relación. Ese fue el punto muerto entre el padre y su hijo mayor.*

Ese fue también el punto muerto entre Jesús y los fariseos. Implica el complicado asunto de cómo perdón y justicia van de la mano. Y aunque es complicado, parece reducirse a lo siguiente: para los fariseos, las reglas eran más importantes que la relación, y la retribución era más importante que la reconciliación. Para Jesús, la relación era más importante que las reglas, y la reconciliación era más importante que la retribución. Para los fariseos, el gobierno de la ley tenía que ser satisfecho. Para Jesús, la relación rota tenía que ser restaurada. Fue precisamente en ese punto donde Jesús y los fariseos estaban en desacuerdo con respecto a lo que constituía justicia. Para los fariseos, apedrear a un pecador era justicia. Para Jesús, sentarse a la mesa con pecadores reconciliados era justicia. Los fariseos siempre verán el paradigma de prioridad de la relación de Dios como injusticia. Pero el paradigma de prioridad de la relación es precisamente lo que Dios llama justicia.

Por tanto, regresamos a la pregunta: ¿De la justicia de quién hablamos cuando hablamos de justicia? Ver la escena del hijo menor llevando la túnica del padre, su anillo y zapatos, y danzando en una fiesta de reconciliación era injusticia a los ojos del hermano mayor. Pero tener de regreso en casa al hijo separado era lo único que el padre aceptaría como justicia. La herencia malgastada ya no estaba. Se había perdido. No podía ser recuperada. Lo que sí *podía* recuperarse era la relación rota. Eso es lo que constituía justicia. Así fue, y así es. El pasado no puede deshacerse por completo. No pueden enmendarse todas las ofensas del pasado. Lo que puede suceder es la reconciliación.

* Véase Lucas 15

No una *reconciliación barata*, sino la costosa reconciliación basada en el arrepentimiento y la gracia. Eso es lo que Dios llama justicia.

Si nuestro objetivo es lograr una igualdad perfecta mediante la justicia fría, dura y ciega, no hay duda de que algunos problemas bien pueden ser intratables y quizá imposibles de resolver. ¿Se logrará la paz en el conflicto palestino-israelí solamente mediante la justicia clásica? Yo no veo cómo. Deshacer todas las ofensas que se han hecho mediante la búsqueda solamente de justicia clásica parece ser totalmente imposible, tarea de necios. La justicia que *puede* producirse en el conflicto palestino-israelí es la justicia que entiende que el objetivo final es la reconciliación. Por tanto, cuando trabajé con un israelí y un palestino que cooperan para proporcionar juguetes a los niños pobres en Gaza, veo el tipo de justicia que tiene el potencial de producir paz.

Como cristianos, debemos rechazar la tentación de tomar partido en esos conflictos intratables, con frecuencia a expensas de deslegitimar e incluso deshumanizar a la otra parte. Cuando tomamos partido, nos convertimos en un peón en el juego de alguien y no ofrecemos otra cosa que "soluciones" baratas y politizadas. Seguimos siendo parte del problema cuando reducimos la justicia a justicia para una de las partes (¡y eso es mucho peor cuando llegamos a nuestras conclusiones por medio de malinterpretar nuestra Biblia!). Es entonces cuando caemos en la locura de pensar que paz y justicia pueden lograrse mediante bombas y misiles.

En el conflicto palestino-israelí, los cristianos no son llamados a ponerse de parte de Israel; los cristianos son llamados a imitar al Mesías de Israel, el Mesías que dio prioridad a la reconciliación, enseñó el amor al enemigo y dio al mundo la idea radical de perdonar setenta veces siete. El camino de Jesús es el camino alternativo donde la justicia no llega mediante bombas suicidas o parásitos depredadores. Es el camino al que somos llamados a dar testimonio. Solamente esa es la justicia que puede sanar al mundo. Es la justicia que Amós anhelaba que corriese como impetuoso arroyo.* No es una

* Amós 5:24

justicia que es ciega y sostiene una espada; es una justicia que mira con amor y ofrece una mano de sanidad. Como Reinhold Niebuhr ha dicho: "Cualquier cosa menor que el amor no puede ser perfecta justicia".[5]

Si su concepto de justicia es asegurarse de que todo el mundo obtenga "lo que se merece", le va a resultar difícil llevarse bien con Jesús. Ese es precisamente el tipo de justicia contra el cual está Jesús y del cual vino a salvarnos. Un mundo que se inclina hacia la justicia de dar a la gente "lo que se merece" es un mundo interminablemente cruel y marcado por la separación, la violencia y la guerra. El concepto de justicia retributiva es lo que alimenta la interminable escalada de violencia en los peores lugares de nuestro mundo, desde las problemáticos barrios bajos del centro de las ciudades hasta el problemático Oriente Medio. La justicia retributiva tiene la horrible tendencia a degenerar en mi justicia. Y mi justicia es inevitablemente la injusticia de otra persona. Esta no es la justicia que salva, es la justicia que mata.

LA JUSTICIA REINTERPRETADA POR LA MISERICORDIA ES REDEFINIDA COMO RECONCILIACIÓN

La cruz de Cristo no es el triunfo de la justicia; ¡el Calvario fue el escenario de la injusticia definitiva! La cruz de Cristo es el triunfo del perdón. La cruz es donde la injusticia definitiva se encuentra con el perdón definitivo en las palabras: "Padre, perdónalos". La cruz es donde *no* obtenemos lo que nos merecemos.

La cruz es donde se omite el juicio en favor del perdón a fin de que el mundo entero pudiera ser reconciliado. La cruz es donde la justicia es reinterpretada por la misericordia a fin de ser redefinida como reconciliación. Solamente esto es lo que Dios llama justicia. Es ahí donde misericordia y verdad se encuentran, donde justicia y paz se besan. La cruz es el lugar donde "la misericordia triunfa sobre el juicio".* El Viernes Santo fue el día en que la misericordia triunfó sobre el juicio, porque el Hijo de Dios abandonó su derecho a la justicia y en cambio pidió al Padre que perdonase.

La cruz es donde la justicia es reinterpretada por la misericordia a fin de ser redefinida como reconciliación. Solamente esto es lo que Dios llama justicia.

En la película *Gran Torino*, Clint Eastwood interpreta el personaje de Walt Kowalski, un obrero industrial retirado, racista y amargado, y veterano de la guerra de Corea que vive en un barrio de Detroit en deterioro dominado por inmigrantes asiáticos y violencia pandillera. Walt tiene poca relación con sus hijos adultos y sus ensimismadas familias de clase media. Sus dos amores son su perra, Daisy, y su querido Ford Gran Torino de 1972. Una familia de inmigrantes hmong del sudeste de Asia son sus vecinos, y como parte de una iniciación a la pandilla, el hijo adolescente, Thao, es obligado a intentar robar el Gran Torino de Walt. Walt interrumpe el intento de robo, y con el tiempo se desarrolla una improbable amistad entre Walt y Thao. Cuando la pandilla hmong continúa acosando a Thao, Walt responde golpeando a uno de los líderes de la pandilla y amenazando con más violencia si no dejan en paz a Thao. Pero la pandilla aumenta la violencia con un tiroteo desde un auto a la casa de Thao y la brutal violación de la hermana de Thao. En la escena culminante de la película, Walt confronta a la pandilla armado solamente con un mechero de cigarrillos a la vez que provoca que ellos le tiroteen, y muere con sus brazos extendidos en forma de cruz.

Walt Kowalski había llegado a entender que la violencia se perpetuaría en un interminable ciclo de venganza hasta que alguien absorbiera el golpe sin vengarse. Eso es lo que Walt estuvo dispuesto a

* Santiago 2:13

hacer. Él entregaría su vida por su amigo, el *otro* a quien había llegado a amar. Y aunque no es una analogía perfecta de Cristo cuando Él acepta la cruz, fue un eco deliberado del Viernes Santo. Y es un papel increíble para un actor que ha construido su carrera interpretando a chicos malos en busca de vigilante justicia.

Si el objetivo de justicia de Dios es la reconciliación y la cruz es el lugar donde Dios logra su justicia definitiva, entonces nuestro concepto de justicia puede que necesite ser reelaborado. Si el Calvario es el lugar donde misericordia y verdad se encuentran, donde justicia y paz se besan, entonces debemos liberar la justicia de la estrecha y acotada idea de que justicia es lo que sucede cuando las personas "obtienen lo que se merecen". Si la paz ha de prevalecer y la humanidad ha de ser sanada, debemos hacer algo más que satisfacer la ley de la justicia retributiva; debemos encontrar un camino para la reconciliación. Esto nos lleva directamente al misterio de la redención. El Nuevo Testamento revela lo que el Antiguo Testamento sólo había indicado: que la justicia tiene que ver más con encontrar un camino para poner fin al ciclo de hostilidad y venganza que con dar a cada uno lo que se merece. Es el camino de terminar la hostilidad a fin de que la reconciliación pueda tener una posibilidad. Miroslav Volf toca un aspecto clave del misterio de la redención y el triunfo de Dios sobre el mal cuando observa:

> Para triunfar plenamente, el mal necesita dos victorias y no una. La primera victoria sucede cuando se perpetra una mala obra; la segunda victoria, cuando se devuelve el mal. Después de la primera victoria, el mal moriría si a la segunda victoria no se le infundiera nueva vida.[6]

Justicia como reconciliación es como el apóstol Pablo entiende la cruz cuando dice: "Dios estaba en Cristo reconciliando consigo al mundo, no tomándoles en cuenta a los hombres sus pecados".*

* 2 Corintios 5:19

Pablo entonces pasa a decir que la cruz con toda su aparente injusticia fue, en realidad, el triunfo de la justicia; de hecho, Pablo lo llama la *justicia* de Dios.* La justicia de Dios no se logra cuando todo el mundo tiene lo que se merece, sino cuando Dios escoge no tener en cuenta contra nosotros nuestros pecados. La justicia y la reconciliación es lo que sucedió cuando Dios escogió responder la oración que su Hijo hizo desde la cruz: "Padre, perdónalos porque no saben lo que hacen".

Al responder la oración de Jesús, no habría retribución, ni represalia, ni venganza. La injusticia había encontrado un lugar donde morir: murió en Cristo cuando Él absorbió el golpe el Viernes Santo sin vengarse. Y la resurrección de Cristo no sólo fue la reivindicación del Padre de su Hijo; también fue el amanecer de un nuevo mundo fundado sobre la justicia de la reconciliación y el perdón. El primer Domingo de Resurrección vio besarse a justicia y paz a fin de que el Hijo de Dios resucitado pudiera decir: "Paz a vosotros".† Finalmente, la justicia de Dios se encuentra en la misericordia de Dios. Así es como somos reconciliados con Dios y los unos con los otros. Así es como somos salvos.

---

* 2 Corintios 5:21

† Juan 20:19, 21

{ 7 }

MATAR LA HOSTILIDAD

Hostilidad. enemistad. acritud. Animosidad. Agresión. Malicia. Malevolencia. Cuando esos destructivos vicios están presentes en un individuo, el problema es lo bastante malo, pero cuando están presentes en grupos, clanes, tribus, partidos y naciones, las consecuencias pueden ser verdaderamente horrorosas. La raza humana tiene una trágica historia de trazar líneas de hostilidad y de relacionarse con todo el mundo ya sea como el aceptado *nosotros* o como el aislado *ellos*. La historia del mundo es, en gran parte, la historia de cómo llegaron a ponerse fronteras políticas; y detrás de cada frontera hay una sangrienta historia relatada en términos de *nosotros* contra *ellos*. En un mundo de separación, el escenario del *nosotros* contra *ellos* nos parece natural, como si fuese la única manera de entender el mundo. Parecemos carecer de la imaginación para imaginar la vida de algún otro modo.

¿Pero debe ser de esta manera? ¿Debe ser el *nosotros* contra *ellos* nuestro paradigma controlador? El Nuevo Testamento lo desafía. Concretamente, el evangelio de la cruz nos llama a pensar de nuevo el paradigma de *nosotros* contra *ellos*, y por una buena razón. La actitud del *nosotros* contra *ellos* de la hostilidad de pensamiento de grupo es la fuente de los crímenes más vergonzosos de la humanidad: racismo, tortura, guerra y genocidio. Si el evangelio ha de ofrecer soluciones para los mayores problemas de la humanidad, y si el evangelio ha de tener relevancia más allá de la esfera de la actividad privada y la religión para después de esta vida, debe ser capaz de abordar la maldición de la hostilidad profundamente asentada e histórica. La teología de la cruz del apóstol Pablo es un evangelio que aborda precisamente este asunto. Pablo afirma con valentía que la cruz *mata* la hostilidad del pensamiento de grupo. En el mundo cada vez más hostil del siglo XXI, donde la Iglesia está demasiado inclinada a participar en la mentalidad del *nosotros* contra *ellos*, este es un evangelio que necesitamos redescubrir vitalmente.

Consideremos la experiencia humana. Los seres humanos son las más sociales de todas las criaturas de Dios. No podemos vivir de ninguna otra manera. Necesitamos una existencia social no sólo para sobrevivir sino también para nuestra definición. Nos entendemos nosotros mismos en el contexto de los grupos a los cuales pertenecemos. ¿Quiénes somos? Somos nuestra familia, nuestra religión, nuestra nacionalidad, nuestra etnia, nuestra clase, nuestra política y el equipo de fútbol al que animamos. "Ningún hombre es totalmente una isla".[1]

Pero quiénes *somos* con frecuencia es entendido en la actualidad con más claridad en términos de quiénes *no somos*. Somos *nosotros* porque no somos *ellos*. Desgraciadamente (al menos, ¡yo considero esto desafortunado!), la manera más fácil de unir a las personas es unirlas *contra* algo. Nos inclinamos más a tener pasión por aquello a lo que nos oponemos que por aquello que apoyamos. La negatividad es vigorizada fácilmente (¡especialmente en el Internet!). La tendencia a definirnos a nosotros mismos en lo negativo se hace con mayor facilidad si podemos personificar lo que no somos un grupo de personas: el odiado *otro*, los odiados *ellos*. Los hábiles políticos entienden muy bien esto, y los políticos manipuladores saben cómo utilizarlo. Por no mencionar al diablo.

Y así, nos dividimos en nuestros respectivos grupos basándonos en características similares, opiniones compartidas e intereses comunes.

Si alimentamos el antagonismo de la hostilidad del pensamiento de grupo hacia los *otros*, los separados *otros*, esa hostilidad puede corromper tanto nuestro pensamiento que les privamos a *ellos* de su plena humanidad. Una vez hecho eso, todo está permitido. Considerar a otros como inhumanos es sancionar actos que son inhumanos. Si el nazi niega la humanidad del judío, si el serbio niega la humanidad del bosnio, si el hutu niega la humanidad del tutsi, entonces todo está permitido, incluyendo el genocidio. Desde luego, la hostilidad del pensamiento de grupo rara vez da como resultado el extremo final del genocidio, pero el extremo sirve para advertirnos de lo peligroso que puede ser cultivar la hostilidad.

El proyecto de paz de Dios

En el hostil mundo del odio, la guerra y el genocidio, aparece una cruz. La cruz es el proyecto de paz de Dios pensado para poner fin a la hostilidad y lograr la reconciliación. La cruz no sólo logra la paz entre Dios y el alienado pecador, sino que es también el lugar donde Dios forma una nueva humanidad, una humanidad salvada de la hostilidad. Esta es la teología de la cruz que Pablo presenta en su carta a los Efesios. Y para mostrar la eficacia de la cruz para matar la hostilidad y así lograr la paz, Pablo la aplica a la más intratable separación de *nosotros* contra *ellos* de su época: la división entre judíos y gentiles.

> Para crear en sí mismo de los dos un solo y nuevo hombre, haciendo la paz, y mediante la cruz reconciliar con Dios a ambos en un solo cuerpo, matando en ella las enemistades.
>
> —Efesios 2:15-16

En su carta a los Efesios, Pablo escribe a iglesia de Éfeso, joven y predominantemente gentil, en la costa oeste de Asia Menor (Turquía). Eran personas recién convertidas de las religiones paganas del imperio romano a la fe en Jesucristo. Él les recuerda a aquellos creyentes gentiles que en tiempos pasados, los gentiles estaban excluidos y separados de la comunidad de Israel. Los no judíos eran ajenos al pacto, y como extranjeros, estaban sin esperanza de obtener la plena ciudadanía en el Reino de Dios (el Reino de Dios se entendía como sinónimo pleno de la nación de Israel). La mentalidad judía del primer siglo entendía la ciudadanía en el Reino de Dios (Israel) basada en tres factores cruciales: etnicidad, circuncisión y observancia de la Torá; todo lo cual excluía a los gentiles. La única manera en que un gentil podía obtener las bendiciones y las promesas de Israel era mediante la circuncisión y la observancia de los indicadores culturales de la Torá: leyes alimenticias, observancia del día de reposo, ritos judíos de purificación, etc. En otras palabras, la única manera en que un gentil podía convertirse en ciudadano del Reino de Yahvé era convirtiéndose en judío. Por tanto, el pensamiento judío era el siguiente: "Para ser aceptado por Dios tienes que convertirte en uno de nosotros". Pero deberían haber sido más inteligentes.

{ Si el evangelio ha de ofrecer soluciones para los mayores problemas de la humanidad, y si el evangelio ha de tener relevancia más allá de la esfera de la actividad privada y la religión para después de esta vida, debe ser capaz de abordar la maldición de la hostilidad profundamente asentada e histórica. }

Desde el comienzo de este proyecto de redención, Dios dejó claro a Abraham que lo que Él lograría por medio de Abraham y su descendencia sería para todo el mundo.* Lo que Dios comenzó con Abraham se convirtió en una familia, después en una tribu y finalmente en una

* Véase Génesis 12:1-3

nación, un reino y una cultura. En el corazón de la nación de Israel estaba su templo: el lugar donde el pueblo escogido podía encontrarse con el Dios vivo. Pero Israel no vivió siendo fiel al pacto con Dios. Ellos quebrantaron el pacto con Dios mediante la idolatría y la injusticia. A pesar de los intentos de los profetas por hacer e Israel regresara a Dios, finalmente cayó el juicio en forma de destrucción y exilio. Después de que los babilonios destruyeran el templo judío en Jerusalén en el año 586 a. C., los profetas hebreos comenzaron a lanzar una visión de lo que podría ser un templo reconstruido y restaurado. El profeta Isaías imaginó un templo fundado sobre la justicia que daría la bienvenida a los extranjeros (gentiles).

> Así dice el Señor:
> "Observen el derecho
> y practiquen la justicia,
> porque mi salvación está por llegar;
> mi justicia va a manifestarse...".
>
> El extranjero que por su propia voluntad se ha unido al Señor, no debe decir:
> "El Señor me excluirá de su pueblo".
> ... los llevaré a mi monte santo;
> ¡los llenaré de alegría en mi casa de oración!
> Aceptaré los holocaustos y sacrificios
> que ofrezcan sobre mi altar,
> porque mi casa será llamada
> casa de oración para todos los pueblos».
>
> —Isaías 56:1, 3, 7, NVI

Pero la visión de Isaías de un templo judío de justicia que aceptaría a los extranjeros fue una afirmación minoritaria que nunca se implementó. En la época en que Herodes el Grande había completado su ampliación del templo reconstruido en Jerusalén, alrededor del tiempo del nacimiento de Jesús, el templo se había convertido en una de las maravillas arquitectónicas del mundo mediterráneo. Llegaban gentiles desde todos los lugares del imperio romano para ver el templo de Herodes. Pero se prohibía a los gentiles entrar realmente en los recintos santos del templo.

Los gentiles podían observar como "turistas" pero no participar como adoradores. ¡Hasta ahí la visión de Isaías de un templo que sería una casa de oración para todas las nacionalidades! Incluso había un muro situado alrededor de los recintos santos del templo con una inscripción grabada en piedra a poca distancia de separación. La inscripción restringía el acceso a los gentiles de manera clara. Se han encontrado restos arqueológicos de ese muro de división y su inscripción. La inscripción de prohibición decía:

> Ningún extranjero debe pasar más allá de este muro. A cualquiera que se descubra haciéndolo tendrá que culparse a sí mismo por su muerte, la cual se aplicará.

Esa era la división del *nosotros* contra *ellos* grabada literalmente en piedra. Y dejaba muy claro cómo se sentían los judíos en cuanto a la posibilidad de que los gentiles se unieran a ellos. *Nosotros somos escogidos, y ustedes no. Nosotros estamos dentro, y ustedes están fuera. Si cruzan la línea, les mataremos.* Así es como la mentalidad del nosotros contra ellos normalmente se lleva a cabo; da como resultado el levantamiento de muros que engendran hostilidad. El apóstol Pablo dice que eso es precisamente lo que la cruz de Cristo destruye. Pablo dice que la división, la separación, la actitud del *nosotros* contra *ellos*, e incluso el muro en el complejo del templo que creaba tal hostilidad, son todos ellos eliminados mediante la cruz.

> Pero ahora en Cristo Jesús, vosotros que en otro tiempo estabais lejos, habéis sido hechos cercanos por la sangre de Cristo. Porque él es nuestra paz, que de ambos pueblos hizo uno, *derribando la pared intermedia de separación, aboliendo en su carne las enemistades*, la ley de los

mandamientos expresados en ordenanzas, para crear en sí mismo de los dos un solo y nuevo hombre, haciendo la paz, y mediante la cruz reconciliar con Dios a ambos en un solo cuerpo, matando en ella las enemistades.

—Efesios 2:13-16, énfasis añadido

El reino de los cielos... en la Tierra

Pablo presenta la cruz como el lugar donde Dios pone fin a la hostilidad humana y forma una nueva humanidad: una nueva humanidad capaz de vivir juntos en paz. Pablo entonces, durante el resto del capítulo, pasa a hablar sobre cómo los creyentes gentiles en el Mesías ahora tienen plena ciudadanía en el Reino de Dios. Los creyentes gentiles ahora están unidos a los santos judíos. Como Jesús había predicho, muchos gentiles estaban llegando desde el oriente y el occidente y sentándose a la mesa del pacto con Abraham, Isaac y Jacob: los patriarcas judíos. Eso es el Reino del cielo llegando a la tierra.[*] Pablo sigue diciendo que ahora un nuevo templo está construido sobre el fundamento de los apóstoles judíos y los profetas judíos con el Mesías judío como la piedra angular. El propósito de este logro es el establecimiento de la paz.[†] Todo esto está contenido en el gran misterio, que le fue dado al apóstol Pablo: el misterio de la aceptación de los gentiles por medio de la obra del Mesías judío.

En su carta a la iglesia en Colosas, Pablo habla de la creencia en Cristo entre los gentiles con la esperanza de gloria, que los profetas predijeron.[‡] Debido a que los gentiles pueden ser unidos al Dios de Israel en el Mesías, la esperanza profética del conocimiento de la gloria de Yahvé cubriendo la tierra como las aguas cubren la mar puede al fin cumplirse.[§] Ahora, en el Mesías, la raza escogida es la raza *humana*, ¡y la tierra santa es *toda la tierra*! Esta es la promesa de

* Véase Mateo 8:11

† Véase Efesios 2:17-22

‡ Véase Colosenses 1:27

§ Véase Habacuc 2:14

Dios, la esperanza de los profetas y el evangelio de los apóstoles. Este es el plan de Dios que comenzó en Abraham, culminó en Cristo, fue proclamado por los apóstoles y llevado a cabo por la Iglesia.

Pablo entiende que Jesús el Mesías ha reformado, ha reformulado y ha redefinido a Israel de tal manera que la ciudadanía en el Reino de Dios ya no se basa sobre los exclusivos indicadores de etnia, circuncisión y observancia de la Torá, sino sobre las posibilidades abiertas a todos de la fe, el bautismo y la obediencia al Mesías. Cristo invita a todo el mundo al pacto de salvación. Esta es la gran obra de salvación igualitaria. No todos pueden ser judíos por etnia; no todos pueden ser circuncidados (¡la mitad de la población queda excluida!); no todos pueden vivir en una cultura adaptada a la observancia de la Torá. Pero todos pueden creer en Jesús como Mesías; todos pueden ser bautizados; todos pueden unirse a la comunidad de quienes están comprometidos a aprender a vivir una vida de obediencia al Mesías. Jesús rescató al Reino de Dios de la exclusividad étnica, nacional y cultural. Esta fue siempre la visión de Dios. Este es el evangelio: las buenas nuevas. Pero no todos vieron la redefinición del Reino de Dios como buenas nuevas.

Jesús rescató al Reino de Dios de la exclusividad étnica, nacional y cultural. Esta fue siempre la visión de Dios. Este es el evangelio: las buenas nuevas.

Uno de los principales problemas entre Jesús y los fariseos fue la diferencia en sus enfoques de la actitud del *nosotros* contra *ellos*. Mientras que Jesús desafiaba constantemente esta actitud, los fariseos tendían a aceptarla. Era hostilidad inspirada religiosamente la que los fariseos aceptaban, y Jesús desafiaba. Eso situó a Jesús y a los fariseos en un inevitable curso de colisión. Los fariseos entendían que el Reino de Dios requería la vigorosa defensa de los rectos *nosotros* contra los pecadores *ellos*. Su interpretación de quién era recto y quién era pecador no era negociable: ellos eran los rectos y quienes estaban fuera de su movimiento eran los pecadores. Blanco y negro. Puro y simple. *Nosotros* contra *ellos*.

Al considerar su enfoque de la división de *nosotros* contra *ellos*, es importante recordar quiénes eran los fariseos. Los fariseos eran un partido religioso-político conservador que consideraba su misión *recuperar a Israel para Dios*. Ellos intentaban hacerlo identificando, denunciando y distanciándose a sí mismos de aquellos a quienes percibían como pecadores dentro de la sociedad: los no observantes (lo que hoy llamaríamos *secular*) y los inmorales. Concretamente consideraban a los recaudadores de impuestos, las prostitutas, los adúlteros, los borrachos, los que no guardaban el día de reposo y otros judíos no observantes, los pecadores que evitaban que el Reino de Dios llegase en su plenitud. Los fariseos estaban convencidos de que si ellos pudieran convertir a una mayoría de la población a su movimiento, entonces Dios enviaría al Mesías y restauraría Israel. Así, los fariseos veían a quienes estaban fuera de su movimiento, a quienes ellos identificaban como pecadores, como la razón por la cual el Reino de Dios aún no había llegado a Israel. Si ellos podían llegar a producir una "mayoría moral" para el partido de los fariseos, al menos el Reino llegaría. O eso creían ellos.

El enfoque de Jesús era el contrario. La práctica de Jesús era acoger precisamente a las personas aisladas por los fariseos. Jesús invitaba a los pecadores a su mesa y les ofrecía respeto y perdón. Jesús denominaba a esa práctica *el Reino de Dios*. Así, las líneas de batalla estaban trazadas entre Jesús y los fariseos. El desacuerdo fundamental era el siguiente: ¿avanza el Reino de Dios mediante la *construcción* o el *derribo* de barreras? Para los fariseos, el Reino de Dios llegaría cuando los pecadores fuesen suficientemente marginados dentro de la sociedad. Para Jesús, acoger a los pecadores en su mesa *era* el Reino de Dios. Para Jesús, la erradicación de la actitud del *nosotros* contra *ellos* y la hostilidad que crea es una ética fundamental del Reino de Dios. ¿Debería la hostilidad entre el *nosotros* contra *ellos* ser aumentada o erradicada? La respuesta depende de qué enfoque del Reino de Dios se acepte: el enfoque de Jesús o el enfoque de los fariseos.

No es exagerado decir que los fariseos mostraban su fidelidad a Dios odiando a las personas correctas. Sin duda, ellos podían conseguir pasajes de la Escritura para apoyar su postura de odio respaldado religiosamente. Por ejemplo, David dice en los Salmos: "¿No odio, oh Jehová, a los que te aborrecen, y me enardezco contra tus enemigos? Los aborrezco por completo; los tengo por enemigos".*

Lo increíblemente radical que Jesús hizo fue atreverse a desafiar conceptos convencionales (¡y hasta escriturales!) *basándose en su propia autoridad.* Por tanto, a pesar del respaldo de la Escritura al odio hacia los enemigos, Jesús dice: "Oísteis que fue dicho: Amarás a tu prójimo, y aborrecerás a tu enemigo. Pero yo os digo: Amad a vuestros enemigos".† Para judíos del primer siglo, el efecto era el mismo que si un predicador se pusiera en pie en la actualidad y dijera: "La Biblia dice... pero yo os digo...". Sobre su propia autoridad, Jesús se atrevió a revocar cualquier respaldo de la Escritura hacia el odio a los enemigos. En lugar de respaldar a Moisés o a David, Jesús llamó a sus discípulos a amar a sus enemigos, y Jesús insistió en que solamente eso es una invitación madura de nuestro Padre celestial.‡

Sin embargo, por fácil que sea situar a los fariseos en el papel de villanos, tengo cierta compasión por ellos. Su encuentro con Jesús y sus enseñanzas radicales los sitúo en una difícil posición. Iban a tener que tomar una decisión muy difícil. O bien debían permanecer fieles a la tradición y a su entendimiento de las Escrituras, o tendrían que reformular todo basándose en las enseñanzas nuevas y radicales de un joven carpintero de Nazaret convertido en rabino. Abandonar el paradigma de siglos de antigüedad por una nueva visión radical del Reino de Dios no era tarea fácil. No nos equivoquemos; lo que

* Salmo 139:21-22
† Mateo 5:43-44
‡ Véase Mateo 5:43-48

Jesús estaba enseñando era nuevo, radical y sin precedente alguno. Estaba enseñando un tipo de amor que nadie antes se había atrevido a imaginar: amor al enemigo.

La visión radical de Jesús del amor al enemigo presentaba un desafío fundamental a la perspectiva religiosa de los fariseos. Los fariseos odiaban a los pecadores porque amaban mucho a Dios. O eso creían. Para ellos, el paradigma del *nosotros* contra *ellos* era un mandamiento religioso, incluso escritural. Jesús desafío todo eso. Jesús enseñó que mostramos cuánto amamos a Dios mediante cuánto amamos a nuestros enemigos. Esta es la ética del *setenta veces siete* llevada al extremo. Wayne Northey resume la ética radical de Jesús sobre el amor de la manera siguiente: "La prueba bíblica del amor a Dios es el prójimo; la prueba bíblica del amor al prójimo es el amor al enemigo. No amar al enemigo es no amar a Dios".[2]

Cuando odiar a *su* enemigo se entiende cómo odiar al enemigo *de Dios* es cuando el paradigma de hostilidad del *nosotros* contra *ellos* adopta una naturaleza religiosa. Odiar a su enemigo (creyendo que es el enemigo de Dios) se convierte en una demostración de su amor a Dios. Apedrear a una mujer adúltera puede ser un acto de piedad, un acto de piedad con apoyo de la Escritura. Los fariseos podían decir legítimamente: "En la Ley, Moisés nos mandó apedrear a tales mujeres".*

Sustituir condenación por misericordia

Si la Biblia dice que se debe apedrear a las mujeres adúlteras, ¿no deberíamos apedrearlas? ¿No es así como llega el Reino de Dios: identificando, condenando y castigando a los pecadores? Eso es lo que creían los fariseos, pero Jesús desafío eso. Jesús respondió primero invalidando la división del *nosotros* contra *ellos* de los fariseos. Lo hizo mostrando a los fariseos que también ellos estaban situados dentro de la categoría de pecadores, que su querida categoría del *nosotros* contra *ellos* era falsa e inválida. Derribó su paradigma de hostilidad con sus

* Juan 8:5

famosas palabras: "El que de vosotros esté sin pecado sea el primero en arrojar la piedra contra ella".* Jesús entonces sustituyó condenación por misericordia. La misericordia triunfó sobre el juicio. Jesús era el único que verdaderamente estaba sin pecado y el único que poseía el derecho a condenar (¡y a lanzar la primera piedra!). Pero Jesús se negó a condenar. En cambio, perdonó a la mujer y la llamó a una nueva vida.

{ No nos equivoquemos; lo que Jesús estaba enseñando era nuevo, radical y sin precedente alguno. Estaba enseñando un tipo de amor que nadie antes se había atrevido a imaginar: amor al enemigo. }

Jesús desafió la atesorada idea de que una persona puede demostrar lo mucho que ama a Dios por lo mucho que odia a los pecadores y a los enemigos. Pero desgraciadamente, la idea corrupta de que se puede demostrar el amor a Dios odiando a la persona indicada permanece. Es la filosofía demoniaca del terrorista suicida. Las convicciones políticas por sí solas no producen un terrorista suicida. El tipo de odio que puede producir un terrorista suicida, el odio al enemigo que sobrepasa el amor a la vida, requiere un elemento religioso. El terrorista suicida es profundamente religioso. El terrorista suicida va a su violenta y asesina muerte con una oración en sus labios. El terrorista suicida ama a Dios. El terrorista suicida muestra lo mucho que ama a Dios por lo profundamente que odia. El terrorista suicida ama tanto a Dios que está dispuesto a matar a pecadores e infieles por causa de Dios y llevarse su propia vida en el proceso. El terrorista suicida ama mediante el odio. El terrorista suicida adora mediante el odio. El terrorista suicida se gana el cielo mediante el odio. El terrorista suicida hace lo que hace porque ama a Dios. A su Dios. Al Dios que

* Juan 8:7

imagina. Al Dios que está de su parte. Pero ese no es el Dios a quien Jesús llamaba Padre.

Antes de descartar fácilmente el odio respaldado religiosamente como un problema exclusivamente musulmán, debemos apresurarnos a recordarnos a nosotros mismos que, tristemente, la actitud del *nosotros* contra *ellos* de la hostilidad religiosa también tiene una historia cristiana. El odio inspirado religiosamente no sólo da nacimiento a la jihad y los terroristas suicidas, sino que también es responsable de haber dado al mundo el sangriento legado de las Cruzadas y la Inquisición. Trágicamente, la Iglesia tiene una innegable historia de respaldar y practicar el odio violento a los enemigos, aparentemente para demostrar amor y devoción a Dios y llevar a cabo la voluntad de Dios. Durante casi doscientos años (1095-1291), la Iglesia de Occidente aprobó una serie de campañas militares contra los musulmanes, normalmente con el motivo equivocado de "recuperar la Tierra Santa". Pero las Cruzadas también desataron la desenfrenada matanza de judíos y cristianos ortodoxos griegos.

Durante la época de las Cruzadas, papas y obispos predicaban fríos sermones llamando a los cristianos a demostrar su amor a Dios matando en el nombre de Cristo y prometiéndoles el cielo en caso de que murieran en el intento. No mejora nada las cosas cuando entendemos que los varios papas tenían motivos políticos para lanzar sus Cruzadas y simplemente utilizaban la retórica religiosa para obtener apoyo popular. Sin duda, los políticos hábiles saben cómo manipular la hostilidad del *nosotros* contra *ellos* para sus propósitos. Ocasionalmente me encuentro con algún cristiano que intenta defender las Cruzadas argumentando que los musulmanes eran "tan malos o peores". Pero ese no es el punto ¿no? El punto es que no podemos denominarnos seguidores de Aquel que nos llamó a amar a nuestros enemigos matándolos en su nombre. Blandir una espada bajo una bandera de una cruz puede que sea el gesto definitivo de no entender el punto. La cruz es donde Cristo perdona a sus enemigos, no los mata.

El otro extremo del terror de las Cruzadas fue el horror de la Inquisición. Durante la inquisición española del siglo XVI, cientos de miles de judíos fueron obligados a salir de España, y miles de supuestos herejes fueron torturados o quemados en la hoguera. Y para que los protestantes no sientan que su historia está por encima, deberíamos recordarnos a nosotros mismos que Juan Calvino defendió que se quemase al teólogo hereje Michael Servetus en Génova en 1553. Calvino justificó la ejecución de los herejes con el siguiente razonamiento:

> No se cuestiona aquí la autoridad del hombre; es Dios quien habla y está claro qué ley habría guardado él en la Iglesia, hasta el fin del mundo. Por lo cual, él demanda de nosotros una severidad tan extrema, para mostrarnos que no se da a él el honor debido mientras no situemos el servicio a él por encima de toda consideración humana, que no perdonemos ni el parentesco ni la sangre de nadie, y olvidemos toda humanidad cuando el asunto es combatir para la gloria de él.[3]

Calvino argumentaba que el "debido honor" a Dios demanda "extrema severidad" y requiere de nosotros "olvidar toda humanidad" y "combatir para la gloria de él". ¿Y cómo combate Calvino "para la gloria de él"? Respaldando la ejecución de aquellos que rechazan la teología cristiana. Pero el Nuevo Testamento argumenta que la gloria de Dios fue defendida por la *cruz* y que Dios fue glorificado cuando Jesús perdonó a sus enemigos desde la cruz.* Además, Calvino defendía que eso era "lo que la ley [Dios] habría guardado en la Iglesia". Pero el apóstol Santiago habla de la ley real como amar al prójimo como a uno mismo.† Claramente, la gloria de Dios y el honor de Dios no son defendidos quemando a personas en la hoguera. La Iglesia está construida sobre la sangre derramada de Cristo, y no sobre la sangre derramada de herejes e infieles. Los cruzados y los

* Véase Juan 12:23-33

† Véase Santiago 2:8

inquisidores cometieron sus atrocidades en nombre de "defender la fe". ¿Pero qué fe? No la fe de Jesús. No la fe de los apóstoles. Más bien, es la fe que justifica la hostilidad del *nosotros* contra *ellos* en nombre de Dios.

No podemos denominarnos seguidores de Aquel que nos llamó a amar a nuestros enemigos matándolos en su nombre. Blandir una espada bajo una bandera de una cruz puede que sea el gesto definitivo de no entender el punto. La cruz es donde Cristo perdona a sus enemigos, no los mata.

La hostilidad de nuestra guerra cultural

Ya basta de Historia. ¿Qué sucede en la actualidad? ¿Qué de la Iglesia evangélica en el siglo XXI? Afortunadamente, hemos terminado con Cruzadas e Inquisiciones, ¿pero seguimos intentando demostrar cuánto amamos a Dios y cuán fieles somos a Dios mediante cuánta hostilidad albergamos hacia ciertos grupos? ¿Secularistas? ¿Liberales? ¿Homosexuales? ¿Musulmanes? ¿O incluso hacia otros cristianos a quienes consideramos insuficientemente ortodoxos? ¿Existe una presión silenciosa de demostrar nuestra justicia demostrando cierto nivel de desprecio hacia esos grupos? ¿Existe cierto tipo de corrección política cristiana conservadora que requiere cierto nivel de hostilidad ligeramente velada? ¿Hemos aceptado un "cristianismo de Ann Coulter" y hemos hecho apóstoles de Rush, Beck y Hannity en lugar de reconocer que ellos son sencillamente artistas y especuladores en la guerra cultural en América?

Me temo que muchos seguidores de Cristo hayan sido arrastrados a la enojada polarización política que caracteriza nuestra cultura; una cultura que ha llegado a venerar la furiosa diatriba como una forma de arte. Y cuando hacemos eso, el nombre de *cristiano* queda disminuido a un adjetivo para modificar ciertas posturas políticas en lugar de ser el nombre de una persona que deliberadamente intenta imitar a Jesucristo. Eso, sin ninguna duda, debe cambiar. Podemos mantener todas las convicciones que queramos, mientras podamos mantenerlas en amor. ¡Pero debemos llevar a la cruz la hostilidad de nuestra guerra cultural y matarla!

Por un lado, no estoy seguro de si es útil identificar automáticamente a secularistas, homosexuales y musulmanes como enemigos. Pero incluso si lo hacemos, el hecho sigue siendo que Jesús nos llama a amar y a bendecir a nuestros enemigos, no a burlarnos de ellos e injuriarlos. Tengamos esto claro: amar al homosexual no es respaldar la homosexualidad más que la negativa de Jesús de apedrear a la mujer adúltera fue un respaldo al adulterio. El que Jesús no apedrease a una adúltera no significó que Jesús estuviera a favor del adulterio. El que Pablo se dirigiera a los paganos de Atenas con respeto no significó que Pablo estuviera a favor del paganismo. A medida que aprendemos a amar y respetar sinceramente a secularistas, homosexuales y musulmanes, eso no significa que defendamos el secularismo apoyemos el matrimonio entre personas del mismo sexo o respaldemos el islam. Sencillamente significa que estamos intentando ser auténticos seguidores de Cristo garantizando a todos respeto y dignidad.

No debemos ser intimidados por los defensores de la hostilidad que establecen una falsa dicotomía e insinúan que una negativa a expresar animosidad hacia grupos no cristianos es una conspiración *de facto* con sus posturas. Debido a que Jesús no practicó la hostilidad de los fariseos hacia los pecadores, fue acusado de ser un glotón y un borracho.* Desde luego, Jesús no era ninguna de las dos cosas. Jesús simplemente negó la falsa idea de que la santidad puede demostrarse mediante la hostilidad. Un entendimiento equivocado de la santidad tiene una larga historia de mezcla con la hostilidad.

* Véase Mateo 11:19

> Y en la distancia quienes amaban a Jesús se sentaban con duros rostros condenatorios y observaban el pecado.[4]

Así describe John Steinbeck a los pentecostales que negaban el mundo en su obra *Las Uvas de la Ira*, como una policía farisea, nombrada a sí misma, que se complace de modo perverso en condenar la danza del sábado en el campo de inmigrantes de California. El seco retrato que hace Steinbeck de "quienes amaban a Jesús" es poco favorecedor, pero no una injusta invención de ficción. Desgraciadamente, sí existen tales personas, y en su existencia distorsionan horriblemente las buenas nuevas de Jesucristo. La peor manera de definirnos a nosotros mismos como cristianos es en lo negativo: de lo que estamos *en contra*. En el campo de inmigrantes de Steinbeck, quienes amaban a Jesús estaban en contra de la danza (y la mayoría de otras expresiones de humanidad). Desde luego, es una caricatura, pero sólo en que quizá sea una exageración. Tristemente, sigue existiendo la equivocada tendencia a identificarnos mediante lo que condenamos. Y así, el paradigma de hostilidad religiosa del *nosotros* contra *ellos* permanece.

Me temo que mediante el cultivo de una actitud de *nosotros* contra *ellos*, nosotros, como cristianos evangélicos, estamos comunicando una sutil hostilidad (o a veces no tan sutil) hacia la cultura en general. La cultura en general es bien consciente de que los miramos con desprecio. Si preguntamos a una persona no evangélica que defina lo que creen los evangélicos, es posible que él o ella *no* hablen en términos de una experiencia personal de salvación (el clásico indicador de los evangélicos), sino que den un resumen de posturas políticas y una lista de temas culturales a los cuales se oponen los evangélicos. El que esos asuntos puedan ciertamente ser verdaderos males y no la danza inocente de la novela de Steinbeck está fuera de la cuestión. La pregunta permanece: ¿Queremos realmente ser principalmente identificados por aquello a que nos oponemos? ¿Queremos ser conocidos por nuestras enojadas voces y nuestro ceño fruncido? ¿Es que no tenemos buenas nuevas para identificarnos? Y en el centro de esas buenas nuevas, ¿acaso no encontramos el mensaje de aceptación y perdón?

Unirnos a la danza de la humanidad

Las siguientes son algunas preguntas clave para sobreponernos a una actitud de *nosotros* contra *ellos* y a la hostilidad que fomenta: ¿Qué pensamos del mundo? ¿Somos parte del mundo o no? ¿Amamos al mundo o no? ¿Tenemos esperanza para el mundo o no? Estas preguntas nos lanzan de cabeza a la controversia. Hay cristianos que responderían estas preguntas con un resonante: *¡No! No somos parte del mundo, no amamos al mundo, ¡y no tenemos esperanza para este condenado mundo!* Pero también hay cristianos que responderían estas preguntas con un entusiasta: *¡Sí! Pertenecemos a este mundo, amamos este mundo y tenemos esperanza para el buen mundo de Dios.* Por tanto, ¿quién tiene la razón? Si buscamos en las Escrituras para encontrar dirección, tal como deberíamos hacer, las cosas se ponen interesantes. La respuesta de la Biblia a estas preguntas -*¿Pertenecemos al mundo? ¿Amamos al mundo? ¿Hay esperanza para el mundo?*- es... sí y no. Consideremos estos dos conocidos pasajes de la Biblia del mismo apóstol.

> No améis al mundo, ni las cosas que están en el mundo. Si alguno ama al mundo, el amor del Padre no está en él. Porque todo lo que hay en el mundo, los deseos de la carne, los deseos de los ojos, y la vanagloria de la vida, no proviene del Padre, sino del mundo. Y el mundo pasa, y sus deseos; pero el que hace la voluntad de Dios permanece para siempre.
>
> —1 Juan 2:15-17

> Porque de tal manera amó Dios al mundo, que ha dado a su Hijo unigénito, para que todo aquel que en él cree, no se pierda, mas tenga vida eterna. Porque no envió Dios a

su Hijo al mundo para condenar al mundo, sino para que el mundo sea salvo por él.

—JUAN 3:16-17

¿Qué sucede aquí? ¿Tenemos que amar al mundo o no? ¿Está condenando Dios al mundo o no? ¿Está muriendo el mundo o está siendo salvo? (Y en caso de que se lo pregunté, es la misma palabra griega: *kosmos*). Aquí yace el problema. Algunos cristianos son entusiastas del capítulo dos de la Epístola de Juan, mientras que otros se adhieren al capítulo tres del Evangelio de Juan. La sencilla verdad es que debemos aferrarnos a ambos conceptos de *kosmos*; debemos aprender a vivir en la exquisita tensión del dual uso que hace Juan de la palabra *kosmos*. Por tanto, permítame expresarlo tan sencillamente como pueda. El mundo *como sistema de rebelión contra Dios* es corrupto y está condenado; está bajo el juicio de Dios, y amarlo es idolatría. Este es el mundo de Babilonia. Pero el mundo *como creación de Dios y su idea de sociedad humana* es bueno, y Dios lo ama. Este mundo es el que Dios quiere salvar. Amar al mundo que Dios creó y amar la buena intención que Dios tiene para la sociedad humana es cooperar con los propósitos redentores de Dios en Cristo.

Esto es lo que no han entendido "quienes amaban a Jesús" en *Las uvas de la ira* (y su clase contemporánea). Cuando Jesús dice: "Porque de tal manera amó Dios al mundo...", no se refiere simplemente a las personas individuales del mundo. Jesús quiere decir que Dios ama la idea de la sociedad humana. Dios no sólo está interesado en salvar partes de las personas ("almas") para una vida después de la muerte en el cielo. Este tipo de "evangelio" que niega el mundo es una grave distorsión del evangelio que afirma la vida y que se encuentra en el Nuevo Testamento, y es siempre propenso a fomentar la hostilidad de una división de *nosotros* contra *ellos*. Dios quiere salvar y reformar (salvar y redimir) a personas, y al hacerlo, *salvar a la sociedad humana*, o como lo denomina positivamente Jesús en Juan 3, "el mundo".

¿Pero realmente aquellos "que amaban a Jesús" de Steinbeck y se sentaban en juicio de la danza del sábado con sus duras caras condenatorias amaban al Jesús cuyo primer milagro fue convertir agua en vino y hacer que siguiera la danza? Jesús parece estar a favor de la danza. Es decir, respalda y participa en la celebración de la humanidad. En su nacimiento y en su bautismo, Jesús se unió a la raza humana. En su nacimiento y en su bautismo, Jesús trascendió a la división de *nosotros* contra *ellos*, y en su crucifixión, Jesús mató la hostilidad que acompaña a la actitud del *nosotros* contra *ellos*.

¿Pero tiene peligros el unirse a la danza de la humanidad? En ciertos aspectos. A veces, la línea entre la Babilonia condenada por Dios y la Caná bendecida por Dios es difícil de distinguir. Pero vivir como un separatista que niega el mundo, enojado y farisaico es una traición tal a la palabra, el patetismo y la escala de valores de Jesús que no es una opción. Debemos unirnos a la danza. Como quienes creen que Dios ama al mundo y está salvando al mundo en Cristo, debemos pertenecer alegremente a la sociedad humana. Debemos unirnos a la danza. La Iglesia debe participar creativamente en el arte, la música, la poesía, la literatura, el cine, el teatro, el deporte, la educación, el entretenimiento, la ley, el gobierno, los negocios, las finanzas, el comercio, la conservación, la medicina, el periodismo, el trabajo, la ciencia, la investigación, la filosofía, la teología y todo lo que sea necesario para producir una sociedad humana sana y floreciente. No podemos quedarnos sentados con los de cara demacrada y que niegan el mundo esperando secretamente que caiga lo peor sobre aquellos que se atreven a intentar disfrutar de la vida. Quienes hacen eso pierden cualquier afirmación de ser llenos con el amor de Cristo. No podemos presentar el rostro de Cristo a un mundo quebrantado con un gesto de enojo. Una sincera lectura de los Evangelios deja claro que el único pecado que normalmente causaba la ira de Jesús era el pecado de la religiosidad farisaica. No debemos ser hallados culpables de intentar convertir a la gente en la Ofelia de la canción de Bob Dylan, "Desolation Row".

Ahora Ofelia, está debajo de la ventana
Por ella siento mucho temor
En su veintidós cumpleaños
Ya es una vieja doncella
Para ella, la muerte es muy romántica
Lleva una camisa de hierro
Su profesión es su religión
Su pecado es falta de vida
Y aunque sus ojos están fijos en
El gran arco iris de Noé
Pasa su tiempo mirando
La fila de la desolación.[5]

John Steinbeck en *Las uvas de la ira* y Bob Dylan en "Desolation Row" describen ambos la misma distorsión del cristianismo. Un cristianismo enojado, que niega el mundo, separatista, de *nosotros* contra *ellos*. No debemos ser de esa manera. No seamos ni legalistas de *Las uvas de la ira* ni religiosos de la fila de la desolación. ¡Vivamos y amemos el buen mundo de Dios! Aceptemos nuestra humanidad compartida, unámonos a la danza, y seamos parte de la misión de Dios de redimir su mundo. La redención del mundo requiere, incluso demanda, la erradicación de la hostilidad del pensamiento de grupo.

Pablo dice que, en la cruz, Jesús mató la hostilidad. ¿Cómo funciona esto? Miroslav Volf lo explica del siguiente modo. "Los brazos abiertos de Cristo en la cruz son una señal de que Dios no quiere estar sin el otro (la humanidad), y sufre violencia de la humanidad a fin de abrazarla".[6] Como seres humanos, nos dividimos en grupos de *nosotros* contra *ellos* y fomentamos la hostilidad. Lo hacemos imaginando que la línea que separa el bien y el mal está trazada entre nuestros respectivos grupos. Por tanto, *nosotros* somos los buenos *nosotros*, y *ellos* son los malvados *ellos*. Tal división de bien y mal es una ilusión. La única división legítima entre bien y mal entre grupos es la división entre humanidad y la Trinidad.

Dios, como el trino Padre, Hijo y Espíritu Santo, es bueno, mientras que la humanidad es mala. A eso aludía Jesús cuando dijo: "¿Por qué me llamas bueno? Ninguno hay bueno, sino sólo uno, Dios".* A los padres de la Iglesia primitiva les gustaba describir la Trinidad como una danza: una danza eterna de Padre, Hijo y Espíritu Santo. Una danza compartida de mutuo amor y gozo. La humanidad es el otro separado. La humanidad está fuera de la danza. Pero la humanidad no es sólo el otro, sino el otro amado, el otro amado que se ha convertido en enemigo. Como sugiere Miroslav Volf, cuando Dios pasó a abrazar a su enemigo, el resultado fue la cruz. Pero es la cruz la que da lugar al abrazo de la reconciliación.

{ No seamos ni legalistas de *Las uvas de la ira* ni religiosos de la fila de la desolación. ¡Vivamos y amemos el buen mundo de Dios! Aceptemos nuestra humanidad compartida, unámonos a la danza, y seamos parte de la misión de Dios de redimir su mundo. }

En el momento más agonizante de la cruz, conocido como "el grito del abandono", Jesús clamó: "Dios mío, Dios mío, ¿por qué me has abandonado?".† En ese momento, podríamos imaginar que se produjo una interrupción en la danza eterna de la Trinidad, una fisura momentánea *para hacer espacio para nosotros*. Ahora la humanidad está invitada unirse a Dios en la gozosa danza de la reconciliación, una danza que no sólo celebra la reconciliación sino que también celebra la muerte de la hostilidad. Cuando el hijo oró desde la cruz: "Padre, perdónalos", fue un ruego para poner fin a las hostilidades entre nosotros y ellos. La oración que nuestro Salvador hizo cuando estaba siendo crucificado define para siempre cómo el seguidor de

* Marcos 10:18

† Mateo 27:46

Cristo debe considerar a los separados ellos. Ya no se permite la hostilidad. Como seguidores de Jesucristo, debemos estar dispuestos a aceptar a los separados *ellos* con amor perdonador. Es así como se da muerte a la hostilidad, y es así como llega la paz.

{ 8 }

LA REGLA DE ORO Y LA PUERTA ESTRECHA

El sermón del monte es el conjunto de enseñanza de Jesús más grande que tenemos a nuestra disposición. Es, innegablemente, el sermón más importante de Jesús. Es el resumen de lo que Jesús enseñó. Es su *magnus opus*. Es su grandioso tratado sobre cómo deberían vivir los seres humanos. El Sermón del Monte es la declaración determinante con respecto a la naturaleza del Reino de Dios. El Sermón del Monte es la osada reforma de Jesús de la Torá. Al igual que Moisés desde el monte Sinaí dio la ley pensada para convertir a Israel en una sociedad justa y adoradora, así Jesús, como el nuevo Moisés, da una nueva ley desde un nuevo monte para reformar al pueblo de Dios de una nueva manera.

La importancia del Sermón del Monte no puede exagerarse en exceso. El Sermón del Monte es tan importante para entender a Jesús como las "Noventa y nueve tesis" lo son para entender a Martín Lutero o el discurso "Tengo un sueño" lo es para entender a Martin Luther King Jr. No podemos imaginar intentar entender a Lutero separado de sus "Noventa y nueve tesis" o intentar entender al Dr. King separado de su discurso "Tengo un sueño". De igual manera, es imposible entender a Jesús separado de su Sermón del Monte. Pero aquí está el escándalo: el cristianismo evangélico ha intentado hacer precisamente eso, ¡ha intentado entender a Jesús separado del Sermón del Monte!

Puedo decir esto porque he estado rodeado de cristianismo evangélico toda mi vida, y la falta de hincapié en el Sermón del Monte no es nada menos que escandaloso. El Sermón del Monte es llamativo por su ausencia en la predicación, escritura y pensamiento evangélicos. ¿Cómo es que no hay incontables conferencias y seminarios evangélicos y cientos de libros evangélicos dedicados a entender y a vivir el sermón más importante de Jesús? Pero no los hay. Y no es sólo que se haya pasado por alto; es un escándalo.

Desde luego, hay una razón para que evitemos el Sermón del Monte. Le tenemos temor. Sus mandatos son abrumadores, y sus implicaciones son enormes. Cualquier intento serio de vivir realmente el Sermón del Monte requeriría una profunda reevaluación de estilos de vida y lealtades, y por eso buscamos un camino de salida. Empleamos teólogos que nos digan que no quiere decir lo que obviamente significa. Buscamos una manera de suavizar los mandamientos de Cristo; una manera de domesticar el Sermón del Monte; una manera de acomodar fácilmente el sermón al status quo. Tratamos de marginalizar el Sermón del Monte. Intentamos hacer que las radicales letras en rojo de los capítulos 5, 6 y 7 de Mateo sean en gran medida irrelevantes para una definición muy estrecha de salvación. Pedimos a los teólogos que nos "salven" del Sermón del Monte de la siguiente manera: se hace reduciendo la salvación. ("Cariño, he encogido el evangelio").

Una vez que hemos reducido la salvación y el propósito de la venida de Cristo a "cómo llegar al cielo después de morir", el sermón del Monte entonces parece marginal. Y debe ser marginalizado, porque si no estamos totalmente asustados del Sermón del Monte, seguimos teniendo el problema de cómo no encaja bien en nuestro "sistema" evangélico de salvación. El Sermón del Monte es terco y rígido; no coopera con un evangelio reduccionista al que sólo le interesa "cómo llegar al cielo después de morir". El Sermón del Monte no tiene lugar en la *calzada romana* a la salvación. El Sermón del Monte está fuera del ámbito de *las cuatro leyes espirituales*. Y así, el Sermón del Monte (¡el sermón más importante de Jesús!) o bien se ignora o se malinterpreta; o ambas cosas.

No comprimir el evangelio

Parte del problema radica en limitar el evangelio al Viernes Santo y el Domingo de Resurrección. Cuando comprimimos el evangelio a la muerte y la resurrección de Jesús, hacemos que la vida y la enseñanza de Jesús sean en gran parte superfluas. Así, resumimos la vida y la misión de Jesús en muletillas como "Él nació para morir", como si el único propósito de la vida de Jesús fuese morir en la cruz. Esa es una trágica reducción y trivialización de la Encarnación. Sin duda, la vida de Jesús fue tal que le situó en trayectoria con el Calvario, y Jesús entendió eso desde el principio. Pero la vida y el ministerio de Jesús no fueron simplemente esperar a que pasase el tiempo hasta morir. Necesitamos entender que toda la vida de Cristo es parte del propósito de Dios de redimir a la raza humana. Cuando llegamos a entender el cuadro general de la salvación, debemos añadir la teología de la Navidad a nuestra teología del Viernes Santo y el Domingo de Resurrección. O para decirlo de otra manera, la encarnación es igual de fundamental para la salvación como lo son la crucifixión y la resurrección.

Al comenzar con Belén y no con el Calvario, incorporamos el Sermón del Monte a la obra salvadora de Jesús. Jesús no sólo nació para morir; nació para vivir: para vivir abundantemente y libremente, para vivir como ningún otro ser humano ha vivido jamás. Jesús nació para mostrar a la humanidad la intención de Dios para la vida y la sociedad. El grandioso propósito de la Encarnación es que Dios, en Cristo, podría unirse a la raza humana. ¿Por qué era eso necesario? Dios se unió a la raza humana para poder dar a la humanidad un nuevo comienzo. Dios se hizo humano en Cristo para que la humanidad pudiera recibir a un nuevo Adán como una alternativa viable a la calle sin salida que nos quedó en el viejo Adán. Dios se unió a la raza humana en Cristo para poder no sólo indicar el camino desde lo alto, sino también para poder *vivir* el camino, *ser* el camino, *mostrar* el camino: el camino para ser verdaderamente y plenamente humano. ¡Y Emanuel nos mostró el camino *como uno de nosotros*! Eso es lo que Jesús hace en el Sermón del Monte. Y es inmensamente importante.

La teología ortodoxa griega siempre ha dado un énfasis más fuerte al papel de la encarnación en el logro de la salvación que el catolicismo romano o el protestantismo; un énfasis que muestra una perspectiva mucho más plena y abundante de la salvación. El gran teólogo de la encarnación en la Iglesia ortodoxa es el obispo del siglo IV Atanasio de Alejandría. En su obra seminal sobre la encarnación, Atanasio escribe:

> Ustedes saben lo que sucede cuando un retrato que se ha pintado en una tabla llega a ocultarse por manchas externas. El artista no desecha la tabla sino que el sujeto del retrato tiene que regresar y posar de nuevo, y entonces vuelve a dibujarse el parecido sobre el mismo material. Así fue con el Santo Hijo de Dios. Él, la imagen del Padre, vino y moró en medio de nosotros a fin de poder renovar a la humanidad creada a su imagen.[1]

Me encanta la analogía que el antiguo santo nos da. Atanasio nos recuerda que Dios creó a la humanidad para que llevase su imagen, pero la imagen de Dios en la humanidad ha sido manchada y borrada por el pecado. Sin embargo, Dios no *desecha* la tabla. Dios no abandona su intención de que la humanidad lleve su imagen; en cambio, el *sujeto* vuelve a posar a fin de que la imagen pueda pintarse de nuevo. Este es el logro de la encarnación. Y cuando miramos a Jesucristo, recordamos cómo debemos vernos, a qué debemos *ser* semejantes. Jesucristo es un ser humano, como Dios quiso. Jesucristo es el único que fielmente lleva la imagen de Dios y nos informa de cómo debería ser.

Dios se unió a la raza humana en Cristo para poder no sólo indicar el camino desde lo alto, sino también para poder *vivir* el camino, *ser* el camino, *mostrar* el camino: el camino para ser verdaderamente y plenamente humano.

Por eso, lo que Jesús hace en el Sermón del Monte es tan vitalmente importante. Jesús nos está enseñando y presentando la imagen recuperada de Dios en la humanidad. Jesús nos está mostrando cómo ser semejantes a Dios y cómo llevar la imagen de Dios. Y cuando escuchamos el Sermón del Monte, el tema recurrente es el perdón. *Bienaventurados los misericordiosos. Presenta la otra mejilla. Ve la segunda milla. Entrega también tu capa. Ama* a tus enemigos. Perdona así como has sido perdonado. Entonces, a medida que Jesús comienza a llevar su gran sermón a una conclusión, dice lo siguiente:

> Así que, todas las cosas que queráis que los hombres hagan con vosotros, así también haced vosotros con ellos; porque esto es la ley y los profetas. Entrad por la puerta estrecha; porque ancha es la puerta, y espacioso el camino que lleva a la perdición, y muchos son los que entran por ella; porque estrecha es la puerta, y angosto el camino que lleva a la vida, y pocos son los que la hallan.
>
> —Mateo 7:12-14

La Regla de Oro y la puerta estrecha. Estas son las dos enseñanzas más memorables de Jesús y su Sermón del Monte. La Regla de Oro es el mandamiento de tratar a otros sobre la base de cómo queremos ser tratados. La puerta estrecha es el difícil camino que lleva a la vida. La puerta estrecha se contrasta con el camino fácil y popular, el cual conduce a la destrucción. Pero es precisamente aquí, con la Regla de Oro y la puerta estrecha, donde el escándalo del Sermón del Monte queda abundantemente claro. Aunque estos dos conceptos los dice Jesús al mismo tiempo y están claramente relacionados en contexto, hemos puesto una palanca en la Regla de Oro y la puerta estrecha y hemos intentado apartarlas como si no tuvieran nada que ver la una con la otra. ¡Eso es escandaloso!

En gran parte del pensamiento evangélico, la Regla de Oro ha sido reducida a un curioso tópico sobre ser una buena persona. Como tal, ha sido desterrada a la clase para los niños, donde se utiliza para enseñarles cómo "jugar bien". Mientras tanto, la puerta estrecha de algún modo ha sido reducida a la oración del pecador, la fórmula para obtener la entrada al cielo. Por tanto, la puerta estrecha es la oración del pecador, mientras que los rigores del Sermón del Monte se dejan para aquellos interesados en obtener méritos extra. Guau. Eso no sólo es mala interpretación bíblica, sino que también constituye un mal cristianismo. ¡El texto obviamente revela que la Regla de Oro *es* la puerta estrecha! Jesús está diciendo: "Miren, este es el resumen de mi sermón: traten a otros sobre la base de cómo quieran ser tratados. No tomen represalias; perdonen. Esta es la puerta estrecha. Es difícil, pero es el camino que conduce a la vida". Pero no lo hemos oído de esa manera. No lo hemos enseñado de esa manera. Hemos agarrado la palanca de la mala interpretación bíblica y hemos intentado separar la Regla de Oro y la puerta estrecha. ¿Por qué? ¿Qué está sucediendo?

Esto es lo que sucede cuando intentamos marginalizar el Sermón del Monte y reducir el cristianismo a un plan para ir al cielo al morir. La puerta estrecha se convierte en la oración de treinta segundos del pecador, y los rigores del Sermón del Monte se dejan para quienes estén interesados en obtener méritos extra. Pero no funcionará. Por una parte, no hay nada difícil en hacer la oración del pecador (¡es muy fácil!). Pero Jesús afirma concretamente que la puerta estrecha es algo duro y difícil. En segundo lugar, Jesús no dice que este es el camino para ir al cielo al morir. Ese no es su tema en el Sermón del Monte. En cambio, Jesús está hablando sobre cómo vivir… *¡aquí y ahora!* Jesús está hablando sobre un camino alternativo, el cual, aunque es difícil, conduce a la vida: el modo de vida que no nos destruirá.

Hemos puesto una palanca en la Regla de Oro y la puerta estrecha y hemos intentado apartarlas como si no tuvieran nada que ver la una con la otra. ¡Eso es escandaloso!

Jesús nos enseña que el camino que parece correcto, el camino fácil, el camino popular, el camino en el cual estamos desde que nacemos, el camino por donde va la mayoría de la gente, es el camino *equivocado.* Y al final, es el camino que nos arruinará. Esta idea se capta en un proverbio, el cual estoy seguro que Jesús tenía en mente.

> Hay camino que al hombre le parece derecho; Pero su fin es camino de muerte.
>
> —Proverbios 14:12

El camino que parece correcto es el camino tan generalizado, tan popular, tan asumido, tan incorporado por nuestra cultura, tan respaldado por la sociedad que parece ser el único camino disponible. Es el camino de los planes egoístas. Es el camino de ponerse por delante en la vida. Es el camino de *buscar ser el número uno.* Es la autopista de seis carriles de la cultura contemporánea, la cual se nos presenta en miles de anuncios publicitarios. *Beba nuestra cerveza, conduzca nuestro auto, lleve nuestro reloj, utilice nuestro agente, ¡y será usted atractivo, rico, y feliz!* A medida que viajamos por la autopista del consumismo, todas las señales dicen que estamos en el camino hacia la felicidad, pero Jesús dice que las señales son una mentira. Jesús dice que no hay puente, y el camino del egoísmo es el largo camino hacia la ruina. El camino de dar prioridad a la búsqueda de la felicidad es el camino del mundo; es el camino de Babilonia. El camino del *yo primero* es el camino que parece correcto pero termina en destrucción. El camino de basar la motivación y la toma de decisiones en *lo que yo quiero* y *lo que obtengo de ello* es el camino de la avaricia y el orgullo: los deseos de la carne, los deseos de los ojos y el orgullo en las posesiones.* A medida que eso se lleva a cabo dentro de la sociedad, termina siendo generalmente una búsqueda de dinero, sexo y poder. Los ganadores en un juego donde el marcador se mantiene a base de riqueza, glamur e influencia son las celebridades que aparecen en las portadas de las revistas; ellas son las personas a quienes miramos. Ellos son los ganadores del juego. Ellos son los más "exitosos" entre nosotros. No hay nada nuevo con respecto a esto. Sin duda, era el camino de César y de Herodes, pero Jesús se atreve a desafiar todo eso. Jesús dice que el camino de buscar riqueza, glamur e influencia basándonos en dar prioridad a los intereses egoístas y utilizando a los demás, ¡*no* es el camino a la vida! De hecho, Jesús dice que es el camino que nos conduce a la ruina total y la destrucción final.

La salvación, tal como la enseñaron Jesús y los apóstoles no es un pase para el cielo, sino el Reino de Dios. Lo que Jesús tiende a denominar el Reino de Dios, Pablo tiende a denominarlo salvación; pero ambos están hablando de lo mismo. Nuestra participación en el Reino de Dios es nuestra experiencia personal de salvación. Aunque tenemos la promesa de estar con el Señor en el cielo entre nuestra muerte y resurrección, este punto no es nunca el énfasis. El énfasis está sobre cómo los seres humanos y la sociedad humana pueden ser enmendados mediante la venida del Reino de Dios. Lo que Jesús hace en el Sermón del Monte es enseñarnos cómo vivir el Reino de Dios. Jesús nos enseña cómo vivir nuestra salvación.

Andar en el camino estrecho viviendo la Regla de Oro

En lugar de masacrar el Sermón del Monte separando la Regla de Oro de la puerta estrecha, hagamos justicia a lo que Jesús está enseñando y veamos que las dos cosas van juntas; aprendamos a andar por el camino estrecho aprendiendo a vivir la Regla de Oro. O quizá podría

* Véase 1 Juan 2:16

decirlo de esta manera: ¡lo que Jesús ha unido, que no lo separe el hombre!

Con este entendimiento, comencemos de nuevo; vayamos al principio para obtener una vista general del gran sermón de Jesús. Jesús comienza el Sermón del Monte con las bendiciones profundamente contracorriente de las Bienaventuranzas.

Bienaventurados los pobres en espíritu.
Bienaventurados los que lloran.
Bienaventurados los mansos.
Bienaventurados los que tienen hambre de justicia.
Bienaventurados los misericordiosos.
Bienaventurados los de limpio corazón.
Bienaventurados los pacificadores.
Bienaventurados los que padecen persecución.*

Las Bienaventuranzas son básicamente lo contrario a lo que se nos dice en miles de anuncios publicitarios. Las Bienaventuranzas van contracorriente y son tan contrarias a nuestro concepto de lo que constituye una vida feliz que sería fácil descartarlas cómo nada más que ingenuo sentimentalismo. La única razón de que les demos crédito es que Dios ha reivindicado al maestro de las Bienaventuranzas resucitándolo de la muerte. La Semana Santa es muchas cosas, pero entre ellas, la Semana Santa es el respaldo de Dios al Sermón del Monte. Jesús vivió su propio sermón hasta el punto de la muerte, ¡y Dios reivindicó la veracidad del sermón resucitándolo de la muerte!

Las Bienaventuranzas no sólo van contracorriente; también son subversivas. Parte de lo que las Bienaventuranzas logran es minar todo el sistema de basar la felicidad en los deseos y el orgullo: la loca búsqueda de dinero, sexo y poder. Las Bienaventuranzas desafían el sistema de valores básico del orden del mundo caído. Como tales, los principados y las potestades siempre verán las Bienaventuranzas

* Véase Mateo 5:3 11

como una amenaza subversiva a su gobierno, ¡porque no son! Las Bienaventuranzas constituyen el núcleo de la enseñanza de Jesús. El resto del Sermón del Monte es en gran parte un comentario sobre las Bienaventuranzas.

{ Perdonar es dar misericordia en lugar de juicio, dar bondad en lugar de represalias, dar perdón en lugar de castigo. }

Cuando llegamos a la Regla de Oro y la puerta estrecha, Jesús está comenzando a resumir sus sermón. Jesús presenta lo que hemos llegado a denominar la Regla de Oro con estas palabras: "Así que, todas las cosas que queráis que los hombres hagan con vosotros, así también haced vosotros con ellos".* Al utilizar la expresión "así que", Jesús está relacionando la Regla de Oro con el pasaje anterior. En los cinco versículos anteriores, Jesús ha estado enseñándonos que Dios es un Padre bueno que desear dar buenas cosas a sus hijos. Cuando conectamos los dos pasajes, vemos que lo que Jesús nos está enseñando en la Regla de Oro es a imitar la bondad de nuestro Padre celestial dando cosas buenas a otros.

¿Y qué daremos? ¿Qué quiere la gente principalmente de nosotros? Voy a sugerir que lo que más quiere la gente de nosotros es misericordia. Lo que la gente realmente quiere de nosotros es bondad, misericordia y perdón. "Per-donar" es dar algo favorablemente. Perdonar es dar misericordia en lugar de juicio, dar bondad en lugar de represalias, dar perdón en lugar de castigo.

Después de haber dado el mandamiento de la Regla de Oro, Jesús entonces nos dice que ese es el gran resumen de la voluntad de Dios tal como se revela en la Escritura, o como Jesús dice: "porque esto es

* Mateo 7:12

la ley y los profetas". Con mucha claridad en el Sermón del Monte, Jesús hizo referencia a la ley y los profetas cuando dijo:

> No penséis que he venido para abrogar la ley o los profetas; no he venido para abrogar, sino para cumplir.
>
> —Mateo 5:17

¿Qué se quiere decir con "la ley o los profetas"? ¿Qué quiere decir Jesús cuando dice que Él no vino para abrogar la ley o los profetas sino para cumplirlos? En primer lugar, consideremos la ley. La Torá de la ley hebrea está centrada en el Decálogo: los Diez Mandamientos. Podemos resumir los Diez Mandamientos como sigue.

- Ningún otro Dios.
- Ningún ídolo.
- No supondrás con el nombre de Dios.
- Santificarás el día sagrado.
- Honrarás a tus padres.
- No asesinarás.
- No cometerás adulterio.
- No robarás.
- No mentirás.
- No envidiarás.

Los Diez Mandamientos no fueron sólo dictados de Dios para regular la conducta personal; en un nivel más profundo, los Diez Mandamientos fueron parte del pacto de Dios con Israel. En Sinaí, Dios tomó a Israel como novia. Dios hizo promesas de pacto a Israel, y como parte de su obligación del pacto, los israelitas tenían que observar los Diez Mandamientos al igual que todo el sistema de la Torá, que se desarrolló en torno a los Diez Mandamientos. La Torá tenía la intención de mantener a Israel en pacto con Dios. Además, y esto es muy importante, la Torá había de convertir a Israel en una sociedad justa y adoradora.

Los cuatro primeros mandatos de los Diez Mandamientos ordenaban la relación de Israel con Dios (adoración), y los seis restantes ordenaban la relación de Israel con otros (justicia). A medida que Israel practicase la ley, sería transformado en una sociedad justa y adoradora. Como sociedad justa y adoradora, Israel sería bendecido y también sería una bendición al convertirse en una luz para los gentiles. Ese era el plan de Dios para Israel en la ley.

Pero como sabemos por nuestra lectura de la historia del Antiguo Testamento, el pueblo de Israel generalmente no estuvo a la altura de sus obligaciones del pacto. A medida que Israel se alejó de la lealtad al pacto y de la fiel práctica de los Diez Mandamientos, se encontró con el ministerio de los profetas. La tradición profética hebrea llamaba a Israel a regresar a la lealtad al pacto por medio de *ser* realmente una sociedad justa y adoradora y no meramente confiar en su *estatus* como pueblo escogido de Dios. Eso es lo que Isaías, Jeremías y el resto hicieron en su ministerio profético. Los profetas hebreos rogaban a los israelitas que estuviesen a la altura de su alto llamamiento rechazando la idolatría, la inmoralidad y la injusticia; porque la idolatría, la inmoralidad y la injusticia eran todo lo contrario de lo que se produce mediante la observancia de los Diez Mandamientos.

En el Sermón del Monte, Jesús continúa la tradición profética hebrea criticando la idolatría,[*] la inmoralidad[†] y la injusticia.[‡] Es especialmente digno de destacar que Jesús no rebaja los requisitos de la ley, sino que, de hecho, *eleva* el estándar. La prohibición sobre el asesinato se amplía a una prohibición sobre la ira. La prohibición sobre el adulterio se amplía a una prohibición sobre la lujuria. La prohibición sobre tomar el nombre del Señor en vano se amplía a una prohibición sobre hacer ningún tipo de juramento. Sin duda, Jesús no suprime la ley y los profetas, sino que los cumple. La idea de que Jesús era un reformador liberal que simplemente estaba relajando el

* Mateo 6:19-24

† Mateo 5:27-30

‡ Mateo 6:1-4

estándar de la ley del Antiguo Testamento como algo inalcanzable es una completa imaginación y una trágica lectura equivocada de los Evangelios.

Más adelante, cuando los fariseos le interrogaron con respecto a su interpretación de la Torá, Jesús resumió la ley y los profetas del siguiente modo:

> Amarás al Señor tu Dios con todo tu corazón, y con toda tu alma, y con toda tu mente. Este es el primero y grande mandamiento. Y el segundo es semejante: Amarás a tu prójimo como a ti mismo. De estos dos mandamientos depende toda la ley y los profetas.
>
> —Mateo 22:37-40

Jesús es muy claro sobre el hecho de que Él no vino a suprimir la ley y los profetas, sino a cumplirlos. Jesús no está dándonos un modo de librarnos de cumplir los mandamientos de amar a Dios y al prójimo y aun así ser salvos; Jesús nos está dando un modo de vivir la salvación amando a Dios y al prójimo en realidad. La venida del Mesías no es un abandono del proyecto de Dios con Israel; la venida del Mesías es el cumplimiento y la ampliación del proyecto de Dios con Israel. El plan de Dios de formar una sociedad justa y adoradora no se abandona con la llegada del Mesías; se cumple con la llegada del Mesías.

Por mucho tiempo ha habido una idea no expresada, una idea sin perfilar, de que Dios comenzó algo con Israel y entonces se dio cuenta de que no funcionaría, así que lo descartó por un plan diferente con Jesús. Esa es una terrible interpretación bíblica, y va en contra de todo lo que se enseña en los Evangelios y las epístolas. Jesús no es "el plan B". Dios no tiene un plan B. los planes de Dios no fracasan. Dios siempre ha tenido un plan, un plan que comenzó en Abraham, siguió con Israel, culminó en Cristo y es llevado a cabo por la Iglesia. Es el único plan de Dios para formar una sociedad justa y adoradora mediante una Israel reconstituida, la cual llevará luz y sanidad a las naciones.

En el Sermón del Monte, Jesús nos muestra cómo es un verdadero hijo de Abraham. Jesús nos muestra lo que Moisés intentaba construir todo el tiempo. Jesús nos muestra cómo debe vivir un verdadero seguidor del Mesías. Pero Jesús no sólo nos enseña o tan sólo establece un ejemplo, aunque hace ambas cosas. Jesús nos invita a creer en Él y, al hacerlo, a conectar nuestras vidas a Él de tal modo que su vida nos capacite para cumplir la misión presentada en la ley y los profetas. Cuando esto sucede, es lo que Jesús llama *fruto.* En el capítulo 15 de Juan, Jesús habla de sí mismo como la vid y de sus discípulos que creen en Él como los pámpanos. A medida que esos pámpanos creyentes obtienen su vida del Mesías, producen el fruto deseado por la ley y los profetas: el fruto del amor a Dios y al prójimo.

Producir el fruto del amor

En algún lugar en el camino de nuestra paranoia pos-Reforma de cualquier cosa que haga referencia a las obras, una paranoia que el Nuevo Testamento no respalda, hemos distorsionado la salvación. La salvación del Mesías que *cumple* la ley y los profetas se convierte en la salvación *de* cumplir la ley y los profetas. Y los resultados han sido desastrosos. Para decirlo claramente, hemos inventado un cristianismo en el que la Regla de Oro y la puerta estrecha son ideas totalmente disociadas. Pero cuando apartamos la Regla de Oro y la puerta estrecha, hemos confeccionado un cristianismo distorsionado que es egoísta, que está orientado hacia la vida después de la muerte y que suprime la ley y los profetas, ¡precisamente lo que Jesús dijo que Él *no* vino a hacer!

Por tanto, inmediatamente después de presentar la Regla de Oro como la puerta estrecha, Jesús habla de que el árbol se juzga por su fruto.* Después, Jesús expone el peligro de dar prioridad a los milagros

* Mateo 7:15-20

por encima de las obras de misericordia y justicia.* Finalmente, Jesús concluye su gran sermón con la parábola de dos casas: una construida sobre la roca y otra construida sobre la arena.† Jesús está diciendo que quienes oyen el Sermón del Monte y su llamado al perdón radical y escogen vivir según el mandato del Mesías, están construyendo sobre un fundamento que soportará las tormentas que llegarán. De igual modo, quienes oyen el Sermón del Monte pero escogen vivir según el viejo camino de la falta de perdón y la resistencia violenta están destinados a la destrucción.

{ Pero cuando separamos la Regla de Oro y la puerta estrecha, hemos confeccionado un cristianismo distorsionado que es egoísta, que está orientado a la vida después de la muerte, y que suprime la ley y los profetas, ¡precisamente lo que Jesús dijo que Él no vino a hacer! }

Debería subrayarse que ésta no fue tan sólo una ilustración bonita e intemporal con la cual concluir un sermón. La parábola final de Jesús de las dos casas es profética y tiene un cumplimiento histórico. El viejo camino de la falta de perdón y la resistencia violenta fue el que produjo la rebelión judía contra Roma y condujo a la destrucción de Jerusalén y de su templo una generación después. Al mismo tiempo que la casa construida sobre la arena (el templo judío) estaba siendo destruida, los apóstoles estaban poniendo el fundamento de un nuevo templo formado por piedras vivas con Jesucristo como la piedra angular. Esta es la casa que no caería porque estaba fundada sobre la roca.

De esta lección deberíamos aprender que una buena manera de asegurar la caída del cristianismo es separar la Regla de Oro de la

---

* Mateo 7:21-23

† Mateo 7:24-27

puerta estrecha. Una buena manera de arruinar el cristianismo sería malinterpretar al apóstol Pablo de tal manera que el Sermón del Monte sea marginado y en gran parte irrelevante para el camino de salvación. Una buena manera de abaratar el evangelio y hacer que sea en gran parte irrelevante para la sociedad contemporánea es reducir la salvación a lo que sucede cuando uno muere, convirtiendo así la salvación en un asunto para después de la muerte del que la persona puede ocuparse en una oración de treinta segundos. Una buena manera de garantizar que el cristianismo se convierta en un árbol seco y sin fruto es marginar la enseñanza de Jesús sobre el amor al enemigo y el perdón radical y sugerir que son opciones para quienes están interesados en obtener mérito extra, pero no fundamentales para el programa de salvación de Dios. ¡Eso es precisamente lo que nuestros mejores maestros y teólogos han dicho que no debemos hacer!

> Reclamar el consuelo del Crucificado a la vez que se rechaza su camino es defender no sólo la gracia barata sino también una ideología engañosa.[2]

> La enseñanza de Cristo y la muerte de Cristo en la cruz no son dos asuntos separados. El *camino* de Cristo, el camino estrecho, es el sendero del amor y el perdón hasta la muerte. Y Él no dijo: "Déjenme que lo haga por ustedes". Él dijo: "Vengan y mueran conmigo".[3]

> Confesar la verdad y testificar de ella tal como es en Jesús, y al mismo tiempo amar a los enemigos de esa verdad, a los enemigos de Él y nuestros, y amarlos con el infinito amor de Jesucristo, es, sin duda, un camino estrecho.[4]

"Lo que quisieras que otros que hicieran, hazlo tú también con ellos". Esa es la Regla de Oro y la puerta estrecha. Y practicar la Regla de Oro y cumplir así la ley y los profetas requiere un ejercicio muy concreto: se debe otorgar humanidad a los demás y considerar qué sería ponerse en lugar de ellos. Eso no es siempre fácil. Por definición, *ellos* es el otro, la persona o personas que no son *nosotros*. Para obedecer lo que Jesús nos enseña, debemos estar dispuestos a pensar activamente e imaginar lo que sería estar en lugar del otro: ser ellos. Esto es especialmente cierto cuando el *ellos* con el que somos llamados a relacionarnos ocupa el papel de enemigo.

Como cristianos, tendemos a considerar a ciertos grupos de personas como enemigos de la fe cristiana. Si como individuos no son un enemigo de la fe cristiana, podemos considerar su religión, su perspectiva, su estilo de vida o su política como contrarias a la convicción cristiana, y así un tipo de enemigo. Por tanto, ¿cómo los trataremos? Para responder la pregunta, primero debemos considerar lo que sería ser ellos. ¿Cómo sería ser un ateo, un secularista radical, un homosexual, un musulmán? ¿Y cómo nos gustaría ser tratados por la comunidad cristiana? Creo que la única respuesta adecuada es que nos gustaría ser tratados con dignidad y respeto. Pero mientras demonicemos y deshumanicemos al *ellos*, es imposible practicar la Regla de Oro. Es enteramente posible estar en desacuerdo con *ellos* y seguir amándolos y respetándolos. Este es el camino cristiano, esta es la puerta estrecha.

La puerta estrecha no es el camino de la intolerancia cerrada. El camino estrecho es el camino semejante a Cristo en el que debemos regularmente tratar a otros con respeto y dignidad, aunque ellos nos traten con falta de respeto y desprecio. Para un seguidor de Cristo, la actitud antagonista del *nosotros contra ellos* se hunde cuando entramos por la puerta estrecha.

Ocasionalmente me piden que me una a algún grupo en línea con un nombre parecido a: *cristiano y orgulloso de serlo*. Yo siempre declino. Se puede ser cristiano, en el sentido de *posición*, y estar orgulloso de serlo; pero no se puede ser cristiano, en el sentido de *semejante a Cristo*, y cultivar una actitud de orgullo antagonista. Me temo que una gran parte de lo que hemos considerado "confesar a Jesús" ha sido realmente antagonismo descarado. ¿Necesitamos ondear la bandera de la identidad cultural cristiana tanto como necesitamos un énfasis en cultivar el carácter semejante a Cristo?

SER SEMEJANTE A CRISTO EN UN MUNDO SEMEJANTE A CÉSAR

En la actual atmósfera corrosiva y que polariza la guerra cultural, un énfasis del Sermón del Monte en dar misericordia, ir una segunda milla, volver la otra mejilla y perdonar "setenta veces siete" serviría mucho mejor a la causa de Cristo que una enojada postura con un sabor a: *somos cristianos y ya no vamos a soportar más eso.* Jesús dijo que sus discípulos serían conocidos por su amor, no por sus pancartas de protesta y enojadas cartas al editor. La enojada retórica de la represalia puede que sea purgante, pero no es semejante a Cristo.

{ El camino estrecho no es el camino de la intolerancia cerrada. El camino estrecho es el camino semejante a Cristo en el que debemos regularmente tratar a otros con respeto y dignidad, aunque ellos nos traten con falta de respeto y desprecio. }

Recientemente estaba yo detenido en un semáforo, y el auto que había delante de mí llevaba una pegatina en el parachoques que decía: "Me gusta tu Cristo. No me gustan tus cristianos. Son muy diferentes a tu Cristo". La afirmación se atribuye a Mahatma Gandhi. Desde luego, es exagerada y una patente generalización. Pero encuentro poco consuelo en eso. Cuando vi la pegatina, quise bajarme de mi auto, acercarme al conductor y... disculparme. Quería decirle algo como: "Lo sé. Hemos estado muy lejos de ser semejantes a nuestro Cristo. Por favor, perdónenos".

Hay un lugar para la apologética cristiana; también hay un lugar para la apología cristiana. Hay un lugar para defender vigorosamente la fe cristiana con un debate inteligente y razonado; también hay un lugar tan sólo para amar al enemigo de la fe cristiana y confiar en que Dios defienda la verdad. No todos los ataques a la fe cristiana necesitan una respuesta, y ningún ataque a la fe cristiana necesita una respuesta enojada y amenazante. El perdón es un tipo de sufrimiento cristiano, y a veces sencillamente somos llamados a sufrir.

> Pues para esto fuisteis llamados; porque también Cristo padeció por nosotros, dejándonos ejemplo, para que sigáis sus pisadas; el cual no hizo pecado, ni se halló engaño en su boca; quien cuando le maldecían, no respondía con maldición; cuando padecía, no amenazaba, sino encomendaba la causa al que juzga justamente.
>
> —1 Pedro 2:21-23

Vivimos en un mundo donde muchas cosas son equivocadas. Y lo más equivocado en el mundo no es la política, la economía o quién esté en el gobierno; lo más equivocado en el mundo es el corazón del ser humano. La avaricia, el orgullo y los deseos del corazón humano son el epicentro de todo lo equivocado en el mundo. A estas alturas deberíamos entender esto. Como seguidores de Cristo, no somos llamados tanto a conocer la respuesta o predicar la respuesta sino más bien a *ser* la respuesta. Es así como somos sal y luz (que también se encuentra en el Sermón del Monte). Tenemos que modelar la respuesta siendo semejantes a Cristo en un mundo que es semejante a César. De eso se trata el Sermón del Monte.

El simple hecho de que lo más equivocado en el mundo sea la condición del corazón humano es la razón por la cual el mundo nunca puede ser cambiado solamente por la política. ¡Nunca! Cuanto antes tengamos menos fe en la capacidad de la política para efectuar el cambio que se nos manda llevar a cabo, mejor. Lo que se necesita es menos fe en la política y la protesta y más fe en el poder del evangelio para cambiar el mundo transformando corazones. Por eso Jesús no dio a sus discípulos la comisión de presentarse como candidatos, sino de andar en los caminos de Él. Jesús no dio a sus discípulos la comisión de hacer campaña para un nuevo César, sino de proclamar un nuevo nacimiento. Jesús comisionó a doce apóstoles, y no a doce políticos. ¿Realmente pensamos que si obtenemos suficientes mascotas del partido al que apoyemos transformaremos la nación? Ese no es el método de Jesús ni de los apóstoles. No se trata de obtener el número correcto de personas de derechas o de izquierdas en el Congreso, sino de cambiar los corazones de todos ellos. No somos llamados a seguir a una mascota; ¡somos llamados a seguir a un Cordero! (¡lo cual no significa que debamos formar un partido político llamado Cordero!). Significa que, en primer lugar, deberíamos modelar el camino del Cordero y después hacer discípulos tanto de unos como de otros en el camino del Cordero. Y el camino del Cordero es, sobre todas las cosas, el camino de ofrecer perdón radical y considerar a otros en amor.

El camino estrecho (y difícil) de la Regla de Oro demanda que *consideremos* a los demás y no los *utilicemos*. La Regla de Oro de considerar a otros dándoles amor, respeto y misericordia es la puerta estrecha que lleva a la salvación. No porque sea así como se *gana* la salvación, sino porque es así como se *vive* la salvación. El camino ancho y popular de utilizar a otros es precisamente el camino donde arruinamos nuestra alma. Utilizar a otras personas como objetos para satisfacer nuestros planes egoístas es, sin duda, la autopista hacia el infierno; es el tipo de vida que nos conduce a la ruina total y final del alma humana. Cuando criaturas creadas a imagen de Dios cooperan con el pecado y con Satanás para utilizar a otras criaturas que llevan la imagen de Dios como objetos para satisfacer su propia avaricia y deseos, conspiran para borrar la imagen de Dios de su propia alma. Jesús intenta salvarnos de eso al enseñarnos el camino estrecho de la Regla de Oro.

Ya sea una muchacha al otro lado de la ciudad que es utilizada para satisfacer el deseo de sexo, o un niño al otro lado del mundo que es utilizado para satisfacer la codicia de zapatos baratos, tal uso de las personas está prohibido por la Regla de Oro. Está prohibido no sólo porque destruye a las personas a las que utilizamos como objetos para satisfacer nuestros deseos de dinero, sexo y poder, sino también porque es precisamente el proceso que arruina nuestra propia alma. ¡Jesús está intentando salvarnos de que arruinemos nuestra alma! Jesús no nos está dando un medio de andar por el camino ancho de la lujuria, el orgullo y la avaricia y seguir siendo salvos; más bien, Jesús nos llama a seguirle por el camino estrecho que conduce a la vida. La idea de que puedan darse billetes de entrada al cielo a las personas comprometidas a andar por el camino ancho que va la destrucción es una fantasía diabólica. La salvación no es un billete de entrada. La salvación es una senda. Es una senda en la que Jesús es el camino, la verdad y la vida. La salvación es una vida que hay que vivir. La salvación es una vida de seguir a Jesús como el camino, mirar a Jesús como la verdad, imitar a Jesús como la vida que vale la pena vivir. Cuando vivimos de esa manera debido a nuestra respuesta de fe a Jesucristo, estamos en el camino de la salvación.

La Regla de Oro de considerar a otros dándoles amor, respeto y misericordia es la puerta estrecha que lleva a la salvación. No porque sea así como se *gana* la salvación, sino porque es así como se *vive* la salvación.

Este es el Sermón del Monte: escoger el camino semejante a Cristo de dar en lugar del camino semejante a César de tomar. Dar misericordia a quien no la merece; perdonar al ofensor; presentar la otra mejilla al enemigo; ir la milla extra con el opresor; regalar la capa al sinvergüenza; dar alegremente al mendigo. Perdonar una y otra vez. Setenta veces siete. Este es el camino estrecho en el que Cristo nos invita a seguirle. Es un camino duro y difícil; pero debido a que es Cristo quien nos invita a seguir, también es posible.

Sobre todo, es el camino que conduce a la vida. ¿Nos atrevemos a creerlo? ¿Nos atrevemos a creer que este camino duro y difícil que parece como perder y morir es, de hecho, el camino que conduce a la vida y la salvación? Ser cristiano significa que creemos esto. Y no sólo no creemos; lo vivimos. Pero no lo vivimos solos; no podemos vivirlo solos. Lo vivimos en comunidad con otros que comparten nuestra fe en Jesucristo. Aún más importante, lo vivimos en comunión con Aquel que prometió no abandonarlos ni dejarnos y estar con nosotros en el camino estrecho hasta el fin del mundo.

9

LA BELLEZA SALVARÁ AL MUNDO

En su inteligente canción, "Filosofía", el grupo escocés Guggenjeim Grotto canta acerca de la capacidad humana de reconocer la belleza y el deseo que todos tenemos de que nuestras vidas sean bellas, de que nuestras vidas sean una obra de arte. La canción rechaza la idea de que cualquier sentimiento definitivo de belleza sea relativo.

> Cuando somos jóvenes ponemos nuestros corazones en
> alguna idea bella
> Quizá algo de un libro santo o de filosofía francesa
> Por pensamientos de mejores hombres nosotros juramos
> y decretamos un
> Camino perfecto para poner fin a la guerra de caminos,
> el único camino es ser una obra de arte
> Oh, ser una obra de arte.
>
> Pero entonces llega un pensamiento que tira del extremo
> de la manga de nuestra mente

Quizá no exista ningún camino perfecto, sólo muchos
tipos distintos
Oh, pero es sólo cuestión de gustos y entonces todo se
desvela
Porque sin un absoluto, ¿cómo puede el absoluto definir
una obra de arte?
Oh, ser una obra de arte.[1]

Como seres humanos reconocemos que hay algo definitivo y absoluto sobre la belleza. Al igual que nuestro sentimiento de justicia, parece que nacemos con un instinto para reconocer la belleza. Desde luego, hay mucho lugar para la variación en gustos, pero la belleza en sí misma es un absoluto. Nadie mira una majestuosa puesta de sol o una montaña coronada por la nieve y piensa que esas vistas son feas. Reconocemos universalmente tales escenas como totalmente bellas. Dentro de nuestros corazones existe cierto estándar absoluto de belleza, al igual que existe en nuestros corazones cierto estándar absoluto de justicia. Nos relacionamos con la belleza del mismo modo en que nos relacionamos con la justicia: como un reconocimiento intuitivo de los absolutos.

Nuestros instintos de justicia y belleza (conciencia y estética) son un profundo problema para el ateo. Nuestra conciencia, nuestro instinto de justicia, dan testimonio de la existencia de un legislador trascendente. De igual modo, nuestra instintiva apreciación de la belleza parece dar testimonio de la existencia de un artista definitivo. La búsqueda de justicia y la búsqueda de belleza nos conducen al juez supremo y al artista sin igual.

El sentimiento de justicia como absoluto es el que nos dice que abusar de los niños es siempre moralmente incorrecto. ¿Pero de dónde proviene este sentimiento de justicia absoluto? Inevitablemente, la respuesta a esta pregunta nos conduce a Dios. No hay manera de dar un rodeo. No hay ley suprema sin un legislador supremo. Como observa Fyodor Dostoevsky en *Los Hermanos Karamazov*, sin Dios todas las cosas son lícitas.[2] De igual manera, cierto sentimiento absoluto de lo artístico nos dice que *Noche Estrellada* de Vincent Van Gogh o *El regreso del hijo pródigo* de Rembrandt son bellos. Pero yo argumentaría que, sin Dios, no puede decirse de nada que sea bello o feo. Como dice la letra de la canción: "Porque sin un absoluto, ¿cómo puede el absoluto definir una obra de arte?". La explicación cristiana de la capacidad humana de reconocer justicia y belleza es la siguiente: somos creados a imagen de Dios, y como tales, compartimos la pasión de Dios por la justicia y la belleza.

> De Sion, perfección de hermosura,
> Dios ha resplandecido.
>
> —Salmo 50:2

La belleza salvará al mundo

En la novela clásica de Fyodor Dostoevsky, *El idiota*, el piadoso personaje del príncipe Myshkin hace esta peculiar afirmación. "La belleza salvará al mundo".[3] Esta misteriosa frase ha fascinado a pensadores y teólogos cristianos desde entonces, y ha inspirado multitud de obras, ensayos y conferencias sobre lo que podría significar. Aleksandr Solzhenitsyn en su discurso del Nobel de Literatura dijo lo siguiente al respecto:

> La frase de Dostoevsky, "La belleza salvará al mundo", no fue una frase descuidada sino una profecía.[4]

Yo estoy de acuerdo con Solzhenitsyn. No hay duda de que Fyodor Dostoevsky era un profeta que preveía mucho. El escritor ruso no sólo predijo la mentalidad demoniaca que caracterizaría la revolución bolchevique y la Rusia comunista en su inquietante novela *Demonios*, sino que Dostoevsky también parece haber tenido un poderoso entendimiento de la naturaleza de cómo Dios salva al mundo por medio de Cristo. En su sencilla frase, "la belleza salvará al mundo", Dostoevsky nos da una perspectiva profética sobre la relación entre belleza y la gracia salvadora del perdón. La belleza no es sólo un embellecimiento de la creación de Dios, sino que es la belleza la que salvará al mundo.

Durante los últimos años he hecho un esfuerzo consciente por cultivar una mayor conciencia y una apreciación más profunda de la belleza. Ya sea que esté caminando en las montañas o simplemente conduciendo hacia el trabajo en una hermosa mañana de primavera, intento entrenar mis ojos para que reconozcan y aprecian la belleza dondequiera que la encuentren. Estoy convencido de que este es un aspecto vital del crecimiento y el desarrollo espirituales. Observar y apreciar belleza es una disciplina espiritual, es un acto santo; contemplar la belleza de la creación de Dios es un aspecto de la adoración.

La apreciación de la belleza es parte de nuestra tarea única como seres humanos. Dios es un artista, y como artista, Dios no ha creado meramente un universo utilitario sino un universo lleno de asombrosa belleza. Dios ha otorgado a los seres humanos la capacidad de crear, reconocer y apreciar la belleza. Al igual que todo artista desea que su obra creativa sea reconocida y apreciada, sucede que cuando reconocemos y apreciamos la belleza en la obra de Dios, estamos participando en un tipo de adoración.

Etty Hillesum fue una pensadora judía y mística espiritual de Holanda que murió a la edad de noventa y nueve años en el infame campo de trabajo nazi en Auschwitz, Polonia. Durante los meses que pasó en Auschwitz, Etty escribía un diario. En él escribió:

> A veces, cuando estoy en algún rincón del campo, con mis pies plantados en tu tierra, mis ojos elevados hacia el cielo, a veces corren lágrimas por mi cara, lágrimas de profunda emoción y gratitud… y quiero estar ahí, en lo profundo de lo que la gente llama "horror" y aún ser capaz de decir: la vida es bella. Y ahora aquí estoy desplomada en un rincón, mareada, con fiebre e incapaz de hacer nada… pero también estoy con el jazmín y con ese pedazo de cielo más allá de mi ventana… porque cuando uno ha comenzado a caminar con Dios, sólo necesita

> seguir caminando con Él y todo en la vida se convierte en una larga caminata; un maravilloso sentimiento.[5]

Para Etty Hillesum, el recuerdo del jazmín y un destello del cielo, incluso en Auschwitz, ¡era suficiente para recordarle que la vida es bella y para evocar en ella un profundo sentimiento de adoración! Si hubo alguna vez un infierno en la tierra, seguramente fue Auschwitz. Sin embargo, Etty Hillesum testificó que ella pudo encontrar belleza y adorar al Creador de esa belleza... incluso en medio de los horrores de Auschwitz. Tal capacidad de encontrar a Dios aún en los lugares más infernales me recuerda las siguientes palabras de David: "Si subiere a los cielos, allí estás tú; y si en el Seol hiciere mi estrado, he aquí, allí tú estás".* Dondequiera que encontremos los pasos y las huellas de Dios, ahí encontramos belleza.

Pero la belleza pasa desapercibida con demasiada frecuencia. Hay algo trágicamente profano con respecto a nuestra sociedad tecnológica si nos ciega a la belleza de la creación; algo profano, deshumanizador y denigrante. No debemos permitir que cubículos, pantallas de computadora y el frenético ritmo de la vida moderna nos distraigan de la importante tarea de maravillarnos ante la belleza que Dios crea día a día. Hay una belleza ambiental, la cual debemos percibir y no permitir que el diablo nos la robe. Esta belleza nos rodea por todas partes. La belleza en el prólogo de un amanecer y el epílogo del atardecer. El drama diario de las nubes. El océano con sus muchas formas. La tranquila belleza de los árboles florecidos con la conmovedora belleza de la nieve cuando cae. Si no vemos esos momentos hermosos y no los reconocemos como los logros artísticos de Dios, fallamos en una de nuestras tareas esenciales como seres humanos.

Recuerdo escalar los picos gemelos de Desolation Peaks en el parque nacional de las Rocosas con uno de mis hijos y ser las únicas dos personas en la montaña en aquel día en particular. Le dije a mi hijo que la grandeza y la majestad de aquellos picos gemelos necesitaban

---

* Salmo 139: 8

ser apreciadas, y que era era nuestra tarea y nuestro privilegio hacerlo. Entendimos que escalar una montaña con un sentimiento consciente de maravilla y genuina apreciación de la belleza de la creación de Dios no era sólo un acto físico de recreación sino también un acto espiritual de adoración.

Junto con una conciencia de la belleza natural, mi esposa y yo cultivamos activamente una apreciación de la belleza artística. Cuando viajamos, tomamos tiempo para visitar galerías de arte y museos. ¿Por qué? Porque, al igual que los profetas, los artistas son videntes. El artista es un vidente que percibe el mundo espiritual más allá del velo material. Los mejores poetas, pintores, escritores y músicos son agentes de la gracia de Dios. Esos artistas hace una obra santa cuando interpretan el mundo mediante la revelación y ayudan a crear belleza. Los artistas nos dan una perspectiva más profunda del mundo que nos rodea, una perspectiva que está más allá del craso y desalmado materialismo. Los artistas que crean belleza nos ayudan a librarnos de la maldición demasiado presente del pragmatismo.

Nuestra era es una era pragmática, y nosotros somos los más pobres espiritualmente por ello. El pragmatismo como perspectiva es una distorsión de la creación de Dios. El pragmatismo es un tipo de vandalismo. El pragmatismo de la creación como un objeto para usar; asignar valor sobre la base de cómo algo puede ser "hecho útil". El pragmatismo es una ceguera espiritual, una ceguera que pasa por alto gran parte del valor de la belleza porque la belleza no es "útil" en ningún sentido utilitario. La belleza pertenece a esas cosas que aunque no son necesarias para la supervivencia, son necesarias para que la supervivencia valga la pena el esfuerzo. El mundo de Dios está lleno de belleza "poco práctica", pero el pragmatismo hace poco uso de la belleza (¡a menos que pueda comprarse y venderse!) La belleza no es pragmática: ¡la belleza es *santa*! La belleza es santa porque toda belleza es, en última instancia, alguna expresión de la gloria de Dios. Como ha dicho Abraham Joshua Heschel: "La belleza y la grandeza no son anónimas; son estallidos de la bondad de Dios".[6]

La observación de Heschel es profunda y verdadera. Un encuentro con la belleza es un encuentro con la gloria de Dios. Por eso la belleza, aunque sea universalmente reconocida (al menos por un alma no deshumanizada mediante el pragmatismo), sigue siendo muy difícil de definir. El diccionario define belleza como "una combinación de cualidades, como perfil, color o forma, que agrada a los sentidos estéticos". Bueno, sí, supongo que la belleza también es eso. Pero es mucho, mucho más que eso. Yo diría que la belleza es un destello de la gloria de Dios.

En Cristo, la adicción de la crucifixión se convierte en la belleza de la gracia perdonadora.

Debido a que la belleza pertenece a la gloria de Dios, habla a la parte más profunda de nuestro ser. Simone Weil tenía razón cuando nos enseñó que la belleza y la aflicción son las dos únicas cosas que pueden atravesar nuestro corazón. Y estas dos penetrantes realidades, aflicción y belleza, son las que se unen en el Calvario. En Cristo, la aflicción de la crucifixión se convierte en la belleza de la gracia perdonadora. Está esa belleza que salva al mundo, a la cual señalaba Dostoevsky. Es la belleza paradójica de la cruz. La cruz es donde la fealdad humana es tragada por la belleza del amor perdonador en una colisión de pecado y gracia.

El misterio central del cristianismo es la encarnación, y el misterio de la encarnación encuentra su paradoja más profunda en la cruz, ¡porque en la cruz nada es lo que parece!

La cruz parece ser un fracaso. Era un aceptado tópico que un Mesías crucificado era un Mesías fracasado; sin embargo, la cruz no es nada menos que la victoria de Dios.

La cruz parece ser el rechazo definitivo. En la cruz, Jesús de Nazaret es rechazado por la nación de Israel y por el imperio romano. Sin embargo, las cruz es donde Dios reconcilia al mundo consigo mismo.

La cruz parece ser una tragedia sin sentido. Un joven prometedor de treinta y tantos años de edad es falsamente acusado, condenado erróneamente y ejecutado vergonzosamente. Sin embargo, la cruz es donde toda tragedia debe ser reinterpretada a la luz de la resurrección.

La cruz parece ser fea. La crucifixión no sólo era fea; era espantosa. La crucifixión era un arma romana de terror con la intención de intimidar a una población ocupada. Sin embargo, la cruz se ha convertido (y quiero decirlo bastante literalmente) *¡en lo más maravilloso del mundo!*

Puede que se sienta usted tentado a descartar mi afirmación como una hipérbole religiosa, pero la sostengo: *la cruz es lo más maravilloso del mundo.* La cruz es la belleza que salva al mundo. Cuando Jesús oró sobre la cruz: "Padre, perdónalos", nos encontramos con la belleza del amor cruciforme (*cruciforme* significa "con forma de cruz"). El término adecuado para describir la belleza de la cruz es *exquisita.* La belleza exquisita es una belleza tan intensa que se siente como si fuera un tipo de agonía. Y eso es lo que encontramos en la cruz: una agonía de belleza. La cruz es donde la mayor belleza surge en medio de la mayor fealdad. Y Dios quiere salvar al mundo desde esa belleza. Este es nuestro evangelio.

Nuestro evangelio relata una historia hermosa. Es parecida a lo siguiente: en el principio, Dios creó los cielos y la tierra. La creación de Dios era buena. Mediante el pecado, el mundo fue mal. En la cruz, Dios puso fin al pecado y recreó su universo según el amor perdonador. En la cruz encontramos la exquisita belleza de Dios absorbiendo la fealdad del pecado y no dando otra cosa a cambio sino amor perdonador. La cruz es el hombre en su peor forma y Dios en su mejor forma. Pero la cruz es también el hombre en su mejor forma. Como Hijo de Dios, Jesús recupera mediante su obediencia lo que Adán (humanidad) había perdido mediante la desobediencia. Por tanto, podemos decir verdaderamente que lo mejor de Dios y lo mejor del hombre se reúnen en Cristo en la cruz. La cruz es donde la belleza de la reconciliación se produce, y nada es más hermoso que el amor reconciliador de Dios en el Calvario. Pablo lo expresa así: "Dios estaba en Cristo reconciliando consigo al mundo, no tomándoles en cuenta a los hombres sus pecados".* En la cruz, el odio y la violencia se convierten en amor y perdón con las palabras: "Padre, perdónalos". Esta es una belleza que las palabras no pueden expresar.

Sin embargo, debemos expresarlo; o al menos intentar expresarlo. Y es aquí donde los artistas pueden ayudarnos. Yo solía ver hermosas descripciones artísticas de la crucifixión sin entender lo que los artistas estaban haciendo.

Yo pensaba: *¿Por qué pintan los artistas la crucifixión así? Es muy irrealista. ¿No saben que la crucifixión no fue así?* Pero ahora entiendo que los artistas sabían más que yo. Desde luego, los artistas sabían que lo que estaban haciendo no era un ejercicio de realismo; lo que ellos hacían era un ejercicio de *revelación.* Los artistas no intentan darnos una nueva representación; intentan darnos entendimiento. No necesitamos una descripción realista de la cruz; necesitamos una revelación de la cruz. El arte tiene la capacidad de transportarnos desde la esfera restringida del realismo a la esfera expansiva de la revelación. Si tuviéramos una fotografía periodística de la crucifixión de Cristo, no sería hermosa; sería horrorosa. Si la mirásemos una vez, supongo que nunca más podríamos soportar mirarla de nuevo. No habría belleza *aparente* en la fotografía. Pero el artista reverente sabe que *hay* belleza ahí. La exquisita belleza del amor y el perdón está eternamente viva en la cruz: la exquisita belleza del amor cruciforme.

Por eso las descripciones artísticas de la crucifixión por parte de grandes maestros tienen la capacidad de hablarnos tan poderosamente; trascienden al realismo y nos ayudan a entrar en la esfera de la revelación. Cuando miro el famoso cuadro de *La Crucifixión* del artista renacentista Andrea Mantegna (que ahora cuelga en el museo del Louvre en París), veo exquisita belleza. La agonía está presente, pero la belleza es innegable. Cuando vi el crucifijo pintado en la capilla de San Damiano en Italia, entendí cómo pudo hablar a un joven Francisco de Asís y transformar su vida. El *Crucifijo de*

* 2 Corintios 5:19

San Damiano parece irradiar amor; un hermoso amor que puede salvar al mundo. Para mí, ninguna de las descripciones artísticas de la crucifixión es más hermosa que el fresco del *Cristo Crucificado* del monje renacentista Fra Angelico. Cuando miro la obra de arte de Fra Angelico, siento como si estuviera viendo puro amor cruciforme.

Ahora entendemos el sufrimiento y la muerte de Cristo no sólo como violencia brutal hacia una cruel ejecución, sino como el hermoso acto de amor sin egoísmo y perdón transformador que salva al mundo.

Mientras escribo este capítulo, tengo una cruz ortodoxa rusa encima de la mesa donde estoy trabajando. Ha sido pintada a mano con sorprendente detalle. Representa cinco acontecimientos de la narrativa de la pasión: Jesús llevando su cruz, su crucifixión, el cuerpo de Jesús siendo bajado de la cruz, su entierro y su resurrección. Cuatro de esos acontecimientos, si se representasen con total realismo, serían imágenes de horrible violencia y una muerte atroz; sin embargo, todo el icono es una obra de belleza, una obra de arte. ¿Por qué? Porque todos los acontecimientos son ahora informados y transformados por la resurrección de Jesucristo. Ahora entendemos el sufrimiento y la muerte de Cristo no sólo como violencia brutal hacia una ejecución cruel, sino como el hermoso acto de amor sin egoísmo y perdón transformador que salva al mundo. Las imágenes que veo en él icono son de maldad vencida por la bondad, de odio conquistado por el amor, de venganza absorbida por el perdón, de muerte tragada por la vida. El icono de la cruz que veo delante de mí es una representación de la belleza que salva al mundo.

Andrea Mantegna, Fra Angelico y otros incontables artistas a lo largo de la historia cristiana han interpretado artísticamente la crucifixión en términos de belleza. Esos artistas saben que la crucifixión no *parecía* hermosa pero que *era* hermosa. Fue el hermoso acto de perdón. ¿Hay algo más hermoso que un acto de perdón inmerecido que busca la reconciliación? No lo creo. Esa es la belleza que encontramos en el abrazo del padre al hijo pródigo. Por eso es un tema tan adecuado para una obra de arte de Rembrandt.

Centrado en la cruz

El teólogo holandés Henri Nouwen en una ocasión pasó un día entero sentado delante del cuadro *El regreso del hijo pródigo* de Rembrandt en el museo Hermitage en San Petersburgo, Rusia, y escribió un libro sobre cómo el cuadro cambió su vida y transformó su perspectiva del cristianismo. El perdón incondicional que busca la reconciliación es verdaderamente la belleza del cristianismo. El gran teólogo suizo Hans Urs von Balthasar dijo:

> Disfrazado bajo la desfiguración de una fea crucifixión y muerte, el Cristo en la cruz es paradójicamente la revelación más clara de quién es Dios.[7]

Hans Urs von Balthasar tiene razón sobre que la cruz es la revelación más clara de quién es Dios. La cruz nos lleva al núcleo mismo de la naturaleza de Dios. Por eso nuestra lectura de las Escrituras debe estar centrada en la cruz. La Biblia es un gran libro que cubre la larga y complicada historia de la implicación de Dios en la humanidad. ¡Es posible derivar ideas distintas e incluso contradictorias de la naturaleza de Dios de una lectura selectiva de la Biblia! Como ejemplo, supongo que la mayoría de nosotros no consideraría el mandamiento de Dios a los israelitas de matar mujeres y niños cananeos como la revelación más clara de quién es Dios. Por tanto, ¿dónde centraremos nuestra lectura de las Escrituras? ¿Dónde está la piedra de toque? ¿Cuál es la lente definitiva para la interpretación? ¿Dónde señalaremos a la Escritura y diremos: "¡Ahí está Dios! ¡Así es Dios!"? Yo estoy de acuerdo con Hans Urs von Balthasar en que es en la cruz. En la fea brutalidad de la crucifixión es donde se revela con más claridad la belleza del amor de Dios.

De todas las maneras posibles de entender la naturaleza de Dios, insisto en que no hay ninguna más completa que cuando vemos a Jesucristo colgando de la cruz con sus brazos extendidos en amoroso abrazo de todo el mundo, un abrazo que incluía a sus enemigos. Para entender mejor a Dios, deberíamos mirar a Cristo en la cruz perdonando a un mundo que le ha rechazado. Ese es el amor que nos salva. El apóstol Juan nos dice famosamente que Dios es amor.*

El amor de Dios alcanzó su crescendo en el Calvario con las palabras de Cristo de sufriente perdón. Sí, la cruz es la demostración más completa y más bella de amor divino. El apóstol Pablo lo expresa de este modo: "Mas Dios muestra su amor para con nosotros, en que siendo aún pecadores, Cristo murió por nosotros".† En Cristo, Dios revela que su disposición hacia nosotros no es de vengativa represalia sino de amor perdonador. Su naturaleza de amor perdonador se demuestra de modo supremo en Cristo en la cruz.

Cuando Jesús pudo haber llamado a doce legiones de ángeles vengadores, en cambio oró para que sus enemigos fuesen perdonados. La venganza había sido cancelada a favor del amor. La represalia fue anulada a favor de la reconciliación. La restitución había sido abandonada a favor del perdón. Esto es hermoso, y es la belleza que salva al mundo.

La belleza puede encontrarse en varias formas, tanto artísticas como naturales. También hay un tipo de belleza que puede encontrarse en el acto de altruismo del ser humano. Reconocemos como bellos los actos de compasión, los actos de valentía y los actos de sacrificio. En la compasión, la valentía y el sacrificio es donde encontramos la belleza de un santo. La compasión de la madre Teresa cuando cuidaba de los moribundos en Calcuta se considera algo bello. Vemos la valentía de cientos de bomberos que corren hacia torres en llamas

---

* 1 Juan 4:8, 16

† Romanos 5:8

para salvar a otros como algo bello. El sacrificio de Oskar Schindler al gastar su fortuna para salvar a judíos del Holocausto es honrado como un acto bello. Y cada uno de esos actos de belleza surgieron en medio de una gran fealdad. La belleza de la compasión de la madre Teresa se establece en la fealdad de la deshumanizante pobreza de Calcuta. La valentía de los bomberos de Nueva York corriendo hacia el World Trade Center se establece en medio del feo horror del 11 de septiembre. La belleza del sacrificio de Oskar Schindler se produce en la fealdad del genocidio nazi.

Pero en la cruz encontramos belleza en su forma más plena y mejor. En Cristo contemplamos la belleza de la compasión incondicional, la valentía suprema y el sacrificio definitivo. De hecho, la belleza de la madre Teresa, Oskar Schindler y los bomberos de la ciudad de Nueva York es un tipo de reflejo de la belleza que encuentra su forma final en Cristo en el Calvario. Es la belleza de lo cruciforme. Es la belleza del autosacrificio. En la experiencia más fea de la existencia humana -la muerte por crucifixión-, Dios se revela a sí mismo en Cristo como amor absoluto, incondicional y desinteresado. En el Calvario, toda la fealdad del mundo -su avaricia, orgullo, lujuria, odio, crueldad y violencia- es derramada en Cristo. Y, en la cruz, Jesús convierte toda esa fealdad en la belleza del amor perdonador. Ese es el mayor de los milagros, ¡y nada es más bello!

Desde luego, la belleza de la cruz se ve sólo en retrospectiva de la resurrección. El Viernes Santo no es bueno hasta que llega el Domingo de Resurrección. Pero con una perspectiva informada de la Semana Santa, entendemos la belleza y la suprema bondad del Viernes Santo. Desde un punto de vista posterior a la resurrección, entendemos que el acto de Cristo al perdonar a sus enemigos desde la cruz no fue una necedad ni una locura, sino la belleza que salva al mundo. La resurrección es el respaldo de Dios al amor perdonador.

Mediante la resurrección, Dios testifica que puede haber un nuevo comienzo sin la pérdida de historia e identidad. La resurrección proclama que el perdón puede salvar al pecador sin borrar su historial ni destruir su identidad. Mediante la cruz, llegamos a ver la verdad final del amor perdonador como el significado de la historia. ¿Cuál es el propósito de la historia? ¿Qué quiso Dios para nosotros? ¿Hacia dónde nos dirigimos? Dios quiere que practiquemos el perdón, y practiquemos el perdón mediante la fe en su Hijo crucificado y resucitado. Ese es el camino hacia la paz. Ese es el camino hacia la belleza. En el camino del perdón es donde encontramos belleza y nos volvemos bellos. Y todo eso se logra mediante la paradoja de la cruz. La cruz es un instrumento de tortura y ejecución que se convirtió en un símbolo de belleza y gracia salvadora.

Los romanos inventaron la crucifixión para que fuese el espectáculo más horrendo del mundo. Y lo era. La crucifixión era una escena tan fea y tan horrible que la imagen se quedaba permanentemente grabada en la mente de todo aquel que era testigo de una crucifixión. Multitudes eran testigos oculares en las crucifixiones romanas. La crucifixión era un acontecimiento público y una escena común en el mundo romano. Era la forma de castigo que se infligía a los rebeldes, los revolucionarios y los esclavos renegados, con frecuencia en masa. Era el horrendo símbolo de un imperio brutal que utilizaba el asesinato y el terror como armas psicológicas contra toda amenaza a sus intereses imperiales. La crucifixión no era la manera más eficaz de llevar a cabo una sentencia de muerte, pero estaba pensada deliberadamente para ser fea y repulsiva, un freno eficaz para ese tipo de delito. El propósito de propaganda de la crucifixión era hacer que cualquier rebelde en potencia lo pensase dos veces antes de desafiar la supremacía del imperio romano.

Hace dos mil años habría parecido completamente inconcebible que una cruz romana algún día fuese un objeto de belleza, que fuese un icono de gracia que inspirase la creatividad artística. La cruz era cualquier cosa excepto eso. La cruz romana era la hoguera, la guillotina, la silla eléctrica, la inyección letal de su época, a excepción de que era infinitamente más espantosa. Que la cruz romana se haya convertido en un símbolo de fe, amor y belleza es totalmente milagroso. ¿Cómo sucedió?

La cruz romana misma fue salvada y redimida debido a lo que

Cristo hizo sobre la cruz. En lugar de lanzar maldiciones y llamar a la represalia mientras moría en la cruz, Jesucristo perdonó desde la cruz. Ese acto de perdón al morir, reivindicado por la resurrección, selló el destino de la cruz romana. A su tiempo, la cruz dejaría de ser una fea imagen de tortura, terror psicológico y ejecución patrocinada por el estado. En cambio, se convertiría en el símbolo del amor; el símbolo del perdón; el símbolo de la fe cristiana misma. La cruz había sido el símbolo de lo más terrible que los seres humanos pueden hacer -torturar y matar-, pero debido a su asociación al perdón de Cristo, se convirtió en un símbolo de belleza.

¡No pase por alto este milagro! ¡El milagro de la cruz romana redimida! Fealdad transformada en belleza. Un milagro logrado no por borrar su historia sino por transformar su identidad. ¡El milagro de la gracia perdonadora! Y si el perdón de Cristo puede salvar a un símbolo de su fea asociación con la tortura y la muerte y transformarlo en un símbolo de gracia y belleza, entonces ningún pecador está más allá del alcance y de la gracia salvadora del amor de Dios. La historia de la cruz no es anulada mediante el perdón -retiene su historial de muerte-, pero la identidad de la cruz es transformada por el perdón.

> **Si el perdón de Cristo puede salvar a un símbolo de su fea asociación con la tortura y la muerte y transformarlo en un símbolo de gracia y belleza, entonces ningún pecador está más allá del alcance y de la gracia salvadora del amor de Dios.**

Lo mismo es cierto para el pecador. El perdón de la cruz no borra el historial del pecador sino que transforma al pecador. De la misma manera que la cruz es transformada de un emblema de lealtad a un icono de belleza, así el amor perdonador de Cristo transforma al pecador en una obra de arte. La oración: "Oh, ser una obra de arte" es respondida mediante la cruz.

Rechazar lo glamuroso por lo verdaderamente bello

Dostoevsky tenía razón. Es la belleza la que salva al mundo. La belleza del amor incondicional. La belleza de la gracia perdonadora. La belleza de la cruz. La belleza del amor cruciforme. La belleza de un amor como el de Cristo moldeado por la cruz. Esa es la belleza que somos llamados a practicar cuando Jesús nos invita a tomar nuestra cruz y seguirle. Debemos entender el llamado a tomar nuestra cruz y seguir a Jesús como, antes que nada, un llamado a la belleza del perdón: la belleza de renunciar a la represalia por la práctica de perdón incondicional. Pero esto con demasiada frecuencia se olvida o se ignora. El llamado a tomar la cruz y seguir a Jesús no es un llamado a creer algo sobre Jesús y su cruz; es el llamado a tomar nuestra propia cruz y *hacer* lo que Jesús hizo en su cruz.

¿Qué hizo Jesús en la cruz? Él perdonó incondicionalmente. Eso es lo que significa tomar su cruz y seguir a Jesús: perdonar incondicionalmente. Cuando reducimos el tomar la cruz a adoptar solamente la doctrina cristiana, privamos al cristianismo de su verdadera belleza. ¡Y el cristianismo privado de su verdadera belleza puede volverse verdaderamente feo!

La intolerancia inspirada por la religión puede conducir a las personas a hacer cosas muy feas. Cruzadas e Inquisición es sólo lo que sucede cuando el cristianismo pierde la belleza de imitar a Cristo. Un cristianismo que, aunque sea ortodoxo en doctrina, tenga una actitud de represalia, es un cristianismo que ha traicionado la cruz y ha perdido su belleza. Un cristianismo que carezca de la belleza de imitar a Cristo en el perdón sin represalia e incondicional, se convierte en un cristianismo enfocado en sus propios intereses y su autopreservación. Ese es el feo cristianismo que demanda derechos y protesta con enojo cuando es tratado por el mundo como Cristo fue tratado por el mundo. La ironía es trágica.

Con frecuencia somos tentados a dar glamur a la represalia. Este es un punto fuerte de Hollywood. Hollywood sabe cómo hacer que la venganza se vea y se sienta como algo con glamur. Hollywood gana mucho dinero haciendo eso. Pero el glamur de la venganza es sólo una fina capa que cubre una profunda fealdad: la fealdad del odio y la violencia. El llamado cristiano es el llamado a rechazar la fealdad del odio y la represalia y convertirse en hermosos iconos del amor y el perdón de Cristo. La intención deliberada de convertirse en un icono viviente de Cristo es lo que produce la belleza de un apóstol Pablo, la belleza de un San Francisco, la belleza de un William Wilberforce, la belleza de una madre Teresa. Nuestras vidas se convierten en una obra de arte a medida que nosotros nos convertimos en iconos vivientes de Cristo, a medida que nos convertimos en quienes llevan la imagen bella de Cristo y su amor perdonador en medio de un mundo feo y vengativo.

Uno de los principales desafíos para el cristiano contemporáneo es rechazar lo glamuroso por lo verdaderamente hermoso. Nuestro desafío es rechazar el tipo de obsesión de cartel de películas de Hollywood con lo glamuroso y lo sensacional a favor de un tipo de cristianismo representado en la profunda y sagrada belleza de un icono. No somos llamados a ser estrellas sino santos. No somos llamados a producir un cristianismo que se parezca a un cartel de película de Hollywood, sino un cristianismo que se parezca a un icono. Somos llamados a ser iconos en el sentido de que somos llamados a llevar fielmente la hermosa imagen de Cristo.

{ El llamado cristiano es el llamado a rechazar la fealdad del odio y la represalia y convertirse en hermosos iconos del amor y el perdón de Cristo. }

Cuando insistimos en hacer las cosas a nuestra manera, luchar por nuestros derechos y pronunciar alegremente la ira de Dios sobre nuestros enemigos, no somos un verdadero icono de Cristo. Nos parecemos más a un glamuroso vigilante "cristiano" que protagoniza una película con el tema de la venganza. Rambos para Jesús. Y a nadie (aparte de nuestra propia tribu) le resulta hermoso eso. La inspiración que encontramos en un Francisco de Asís o una madre Teresa es que sus vidas carecían totalmente de glamur y estaban totalmente llenas de belleza. No podemos mirar sus vidas sin que nos recuerden a Jesucristo. De esta manera, ellos fueron verdaderos santos y hermosos iconos de Cristo.

El Evangelio de Marcos nos dice que cuando el oficial que estaba a cargo de la crucifixión vio cómo moría Jesús, exclamó: "Verdaderamente este hombre era Hijo de Dios".* ¿Qué vio este soldado que le llevó a esa increíble confesión? ¿Qué hubo en el modo en que Jesús murió que tuvo un efecto tan profundo en este romano? ¿Podría ser que Jesús murió amando y perdonando a sus enemigos? El centurión romano que hacía guardia en la cruz había sido testigo, sin duda alguna, de muchas crucifixiones. Él sabía cómo morían los hombres crucificados, y no lo hacían con una oración de amor y perdón en sus labios. Ese soldado romano de corazón duro que estaba a los pies de una cruz romana reconoció instintivamente este tipo de amor como de otro mundo. ¡Su única explicación fue que aquel ser nazareno crucificado por el delito de afirmar ser el rey de los judíos debía de ser divino! Fue solamente la trascendencia del amor perdonador lo que pudo persuadir a un soldado romano de que un judío galileo crucificado era el Hijo de Dios. Esta es la persuasión del amor. O como dijo Hans Urs von Balthasar: "Solamente el amor es creíble".[8]

Ese es el amor que somos llamados a seguir; ese es el amor que somos llamados a imitar: el amor cruciforme del perdón incondicional. Ningún otro argumento apologético se acercará al poder de persuasión del amor cruciforme, un amor que no busca represalias sino que ofrece perdón incondicional. Si podemos tomar nuestra

* Marcos 15:39

cruz y seguir a Jesús en esta práctica, incluso nuestros enemigos se encontrarán confesando: "Verdaderamente estos son hijos e hijas de Dios". Así es como el mundo sabrá que somos hijos e hijas de Dios y hermanos y hermanas de Jesucristo. Lo entendamos o no, los no creyentes saben instintivamente que al ser semejantes a Cristo somos verdaderamente cristianos. ¿Acaso no dijo Jesús que seríamos conocidos por nuestro amor?* No es por ganar un debate, y mucho menos por luchar por nuestros derechos o protestar por los pecados de nuestros enemigos como imitamos a Cristo.

Es mediante la práctica del perdón radical e incondicional. Por perdonar setenta veces siete. Por tomar la fealdad del odio y convertirla en la belleza del perdón. Solamente eso es verdaderamente ser semejante a Cristo, y solamente eso es la belleza que salva al mundo.

Subirse al tren correcto

El cristianismo occidental está en una coyuntura crítica. Somos como personas que han tomado un tren hasta el final de la línea. Ahora estamos en la última parada buscando una plataforma adecuada para subirnos al tren correcto que nos llevará más adelante en la línea hasta nuestro destino final. Puede ser un poco confuso. La Reforma de hace 500 años, aunque produjo una necesaria corrección teológica, también nos situó en una trayectoria para convertirnos en enojados protestantes. La Reforma protestante fue una discusión dentro de la cristiandad. Fue una discusión entre cristianos acerca de doctrina y práctica cristianas. Pero el cristianismo medieval no es el mundo en el cual vivimos. Ya no vivimos en una cristiandad en la que es cristianismo se supone. Vivimos en el mundo occidental secular y cada vez más escéptico del siglo XXI. Nuestros desafíos no son los que tenía la Europa del siglo XVI.

Si queremos persuadir a un mundo escéptico y secular de la belleza de Cristo, tenemos que hacerlo *según sus términos*. Simplemente citar un capítulo y un versículo y gritar: "la Biblia dice", va a ser muy

* Juan 13:35

inefectivo. Decirle a un mundo secular que Jesús es el camino porque Juan 14:6 así lo dice es insuficiente. Debemos persuadir a las personas de que Jesús es el camino demostrando el camino como *epístolas vivas*.

Ningún otro argumento será tan persuasivo como la belleza del amor cruciforme. Nuestra credibilidad se encontrará en nuestro amor, y no en nuestra protesta. La protesta ha sido nuestra herencia; la protesta está en nuestro ADN, pero el tren de la protesta ha llegado al final de la línea. Es momento de que salgamos del tren de la protesta para subirnos al tren cruciforme. ¿Por qué? Porque solamente el amor es creíble. Cuando nos convertimos en verdaderos discípulos de Aquel que perdonó desde la cruz, entonces los escépticos confesarán que somos hijos e hijas de Dios.

Puede seguir en el tren de la protesta si quiere, pero es el que ha llegado al final de la línea y no sigue hacia ninguna parte. Me gustaría invitarle a que se una al tren cruciforme, un tren que puede llevar al cristianismo al siglo XXI de una manera convincente y atractiva.

Esta es la reforma del siglo XXI que necesitamos. Una reforma cruciforme. Una reforma en forma de cruz del cristianismo. No utilizando ya la *protesta* como nuestro paradigma dominante, sino regresando a lo cruciforme para recobrar nuestra verdadera (y hermosa) forma. Para hacer eso debemos examinar cuidadosamente nuestras doctrinas, prácticas y actitudes poniéndolas al lado de la verdadera forma del Salvador crucificado. Y si nuestras doctrinas, prácticas y actitudes no se conforman a lo cruciforme, a Cristo en la cruz, entonces necesitamos, o bien abandonarlas o reformarlas según la verdadera forma. Así es como el cristianismo del siglo XXI puede y debe recuperar su belleza. Esa es la belleza en forma de cruz que puede salvar al mundo.

10

EL PRÍNCIPE DE PAZ

PAZ. PAZ ENTRE naciones. Paz mundial. Es el deseo de hermosas reinas de la belleza. Es también el sueño de los profetas. En nuestro mundo desgarrado por la guerra, es fácil ser cínico sobre cualquier perspectiva de paz que vaya por encima de la esfera de nuestras propias emociones privadas. Pero la Biblia no respalda ese cinismo. En cierto sentido, la paz siempre ha sido un sueño imposible, pero un sueño que los profetas de todos modos se atrevieron a imaginar. La primera mención de paz entre los profetas es cuando el profeta Isaías habla de un Príncipe de Paz.

> Porque un niño nos es nacido, hijo nos es dado, y el principado sobre su hombro; y se llamará su nombre Admirable, Consejero, Dios Fuerte, Padre Eterno, Príncipe de Paz.
>
> Lo dilatado de su imperio y la paz no tendrán límite.
>
> —ISAÍAS 9:6-7

Desde que Caín se reveló en el campo contra Abel, el mundo no ha sido un lugar muy pacífico. La historia humana está escrita con sangre y en gran parte es el registro de dónde, cuándo y por qué se derramó esa sangre. Pero los profetas siguen soñando. Sueñan con palabras que se convierte en arados, y lanzas que se convierte en tijeras de podar. En un mundo moderno, soñarían con tanques que se convierten en tractores y con silos de misiles que se convierten en silos de grano. El frío y puro pragmatismo descarta sus sueños considerándolos totalmente incongruentes con el modo en que el mundo funciona. Pero ese es el papel del profeta: dar un informe minoritario basado en la imaginación profética. En sus poemas atrevidos, y prácticos, imposibles e inspirados por Dios, ellos plantean un desafío a la brutal tiranía del pragmatismo, y yo digo: Dios les bendiga.

Necesitamos una visión alternativa. Necesitamos un sueño que no sea censurado por el status quo. Necesitamos una imaginación que trascienda al guión dominante. Necesitamos los poemas de los profetas, porque vivimos en un mundo donde la paz es tratada como un vagabundo no bienvenido por quienes han puesto su fe en el juego del modo en que siempre se ha jugado.

> Vivimos en un mundo político
> Donde la paz no es bienvenida en absoluto,
> Es despedida de la puerta para quc vague un poco más
> O es puesta contra la pared.[1]

Por tanto, en lugar de rendirse a la suposición de que el mundo, tal como es, es como debe ser, los profetas desafían la convención e insisten en que debe haber un camino mejor. Los profetas son incapaces de encogerse de hombros ante la injusticia masiva y suspirar *qué será, será*. En un mundo donde cada día las naciones gastan tres mil millones de dólares en defensa militar a la vez que diecisiete mil millones de niños se mueren de hambre,[2] los profetas no aceptarán el status quo como aceptable o inevitable. Los profetas son el erizo bajo la silla de quienes están comprometidos a un paradigma de intransigencia.

Durante una época en que Israel vivía bajo la sombra del imperio asirio, el profeta Isaías imaginó la liberación de Dios en forma de un niño que aún no había nacido, un niño que se convertiría en rey y llevaría la responsabilidad del gobierno sobre sus hombros, y tendría éxito donde el resto había fracasado. Él habla de ese niño de las maneras más superlativas. El profetizado hijo de David nos dará maravilloso consejo; será poderoso Dios entre nosotros; será el progenitor de una nueva manera de ser humano; será el príncipe de paz. El título *Príncipe de Paz* es el que mejor de todos recordamos, posiblemente porque se identifica con nuestros más profundos anhelos. El Mesías como Príncipe de Paz es el tema favorito para los villancicos de Navidad y las tarjetas de Navidad. Pero es más que eso, especialmente si liberamos al título de su lenguaje arcaico. Actualmente hablaríamos de un presidente o un primer ministro de paz. Un gobernador que da entrada a un gobierno de paz es como Isaías y el resto de los profetas entendieron el Reino de Dios; ese Reino sería, de algún modo, el gobierno de Dios entre nosotros, y sería la legítima esperanza de paz.

Un gobierno que produce paz

Si los profetas hebreos fueron atrevidos en sus sueños, los apóstoles cristianos fueron aún más valientes en su forma de hablar. Ellos no sólo respaldaron el sueño de los profetas -que Dios algún día gobernaría por medio de un hijo al que daría-, ¡sino que también se atrevieron a anunciar que el gobierno del Hijo de Dios realmente había comenzado! Es un gobierno que produce paz. Es innegablemente uno de los temas destacados del evangelio apostólico. Pablo, Pedro y el resto de los apóstoles creían que estaban proclamando algo profundamente importante perteneciente a la paz. Aunque la paz de Cristo incluye paz interior personal, no debemos privatizar de tal modo el evangelio que hagamos de la paz sólo una cuestión de salud mental privada. Como el apóstol Pablo escribe sobre los logros de Cristo con respecto a la paz en su carta a los Efesios, su principal énfasis *no* está en una paz interior privada, sino en una paz entre grupos étnicos que han tenido un largo historial de amarga enemistad.

> Porque él es nuestra *paz*, que de ambos pueblos hizo uno, derribando la pared intermedia de separación, aboliendo en su carne las enemistades, la ley de los mandamientos expresados en ordenanzas, para crear en sí mismo de los dos un solo y nuevo hombre, haciendo la paz, y mediante la cruz reconciliar con Dios a ambos en un solo cuerpo, matando en ella las enemistades. Y vino y anunció las buenas nuevas de *paz* a vosotros que estabais lejos, y a los que estaban cerca.
>
> —Efesios 2:14-17, énfasis añadido

Pablo dice que Jesús es nuestra paz, que Él hace la paz, que Él proclama paz, paz a quienes están lejos y a quienes están cerca. Como cristianos modernos, cuando hablamos sobre la paz de Cristo instintivamente limitamos nuestro significado a un estado emocional de bienestar privado. Para nosotros, la paz de Cristo es un asunto psicológico y no un asunto político. Suponemos que la paz de Cristo pertenece a los sentimientos de nuestro mundo interior, y tiene poco que ver con las relaciones geopolíticas del mundo exterior. Pero nuestros instintos son equivocados. Nuestros modernos instintos crean una división entre público y privado que es ajena a la Escritura. Y nuestros modernos prejuicios, pos-iluminación, muestran lo severamente que hemos reducido el evangelio. Hemos conspirado con el secularismo para desterrar a Cristo a la esfera de los asuntos religiosos privados. En esta división entre sagrado y secular, Jesús es asignado a asuntos de espiritualidad privada, mientras que los asuntos del conflicto global y étnico se dejan para aquellos cualificados para manejar tales asuntos: los gobiernos seculares. Tal modo de pensar no es nada menos que una traición al evangelio apostólico. L. Gregory Jones nos recuerda con cuánta vehemencia Dietrich Bonhoeffer rechazó esta perspectiva del cristianismo:

> Si todo lo que importa en última instancia es la autonomía individual, entonces el perdón y la reconciliación, que están pensados para fomentar y mantener la comunidad, tienen poca importancia... Esas convicciones dirigieron a Bonhoeffer a polemizar contra la trivialización y privatización de la vida cristiana, y especialmente del perdón cristiano.[3]

El perdón cristiano no es simplemente un asunto privado entre el pecador y Dios. El perdón tiene una dimensión horizontal también. Por eso en el Padrenuestro pedimos a Dios que nos perdone, al mismo tiempo que le pedimos que perdone a otros. El perdón es el modo de Dios de lograr la paz. De hecho, es finalmente la única manera de lograr paz entre partes separadas. La justicia por sí sola es incapaz de producir paz. La paz en la cual la Biblia está interesada implica no sólo el cese de las hostilidades sino también la reconciliación de enemigos. Por eso Dietrich Bonhoeffer dice: "Ninguna paz es paz sino aquella que llega mediante el perdón de pecados".[4] Por eso los seguidores de Cristo, que son a la vez los receptores y los practicantes de perdón vertical, deberían ser las principales autoridades en la paz. Desde luego, tenemos que practicar realmente la paz antes de poder ser respetados como autoridades en el tema, pero a eso somos llamados en Cristo. Es así como tenemos que ser la luz del mundo y los hijos de Dios: mediante una proclamación y práctica de un evangelio de paz basado en el perdón.

Si la justicia por sí sola es incapaz de producir paz, la mera fuerza es aún más incapaz de producir paz. La paz de la fuerza es la paz de la propaganda. El historiador romano Tácito registra al cacique escocés Calgacus diciendo con ironía: "Los romanos crean un desierto y lo llaman paz".[5] La mera fuerza podría crear paz si lo único que queremos decir con paz es la subyugación del disidente. Pero eso no es nunca lo que los profetas y apóstoles quieren decir con paz. La visión profética y apostólica de paz es la paz de la reconciliación y la armonía genuina. Es la paz que solamente el perdón es capaz de lograr. Por eso los cristianos deberían tener mucho que aportar al tema de la paz. En un mundo desprovisto de paz y hundido en la hostilidad, los cristianos son llamados a ser sal y luz mediante la práctica coherente de la paz basada en el perdón.

PAZ EN TODAS LAS DIMENSIONES

La misión de Dios no es nada menos que el proyecto de enderezar mediante la cruz a un mundo que se ha desviado mediante el pecado. Entre nuestros peores problemas está nuestra total incapacidad de vivir juntos en paz, especialmente cuando la enemistad que fomenta hostilidad está entre religiones, etnias y naciones. Es precisamente esa enemistad la que el apóstol Pablo se atreve a decir que es vencida por la cruz. Aunque el cristiano moderno puede que sea cínico en cuanto a la paz y se contente con limitar el logro de la cruz a "la paz espiritual", Pablo no aceptará eso. Él cree que la paz en todos los sentidos de la palabra es el logro pleno de la cruz:

> Por cuanto agradó al Padre que en él habitase toda plenitud, y por medio de él reconciliar consigo todas las cosas, así las que están en la tierra como las que están en los cielos, haciendo la paz mediante la sangre de su cruz.
>
> —COLOSENSES 1:19-20

El logro de la cruz es paz en todas las dimensiones: en la tierra y en el cielo, espiritual y política, personal y global. Si esa paz no se ve plenamente, ¡y no se ve!, entonces deberíamos considerarla no como una tarea imposible, sino como un desafío a tomar con más fidelidad la cruz y seguir a Cristo.

{ Tenemos que ser la luz del mundo y los hijos de Dios, mediante una proclamación y práctica de un evangelio de paz basado en el perdón. }

Desde luego, soy bien consciente de la supuestamente escatológica frase de excepción: "Claro que habrá paz cuando Jesús regrese, pero hasta entonces habrá guerras y el camino hacia Armagedón". Sin desafiar esa interpretación escatológica, simplemente diré que ninguna teoría de los acontecimientos de los últimos tiempos nos da licencia para alegrarnos de la guerra o para oponernos a la paz. Para decirlo con claridad: si el diablo conduce a las naciones del mundo a la guerra, nosotros no necesitamos animarle.* Nuestras teorías de interpretación con respecto al libro de Apocalipsis no pueden utilizarse para eximirnos de la clara enseñanza de Jesús que se encuentra en el Sermón del Monte. Jesús dijo: "Bienaventurados los pacificadores, porque ellos serán llamados hijos de Dios".† Sin importar qué teoría de los últimos tiempos apoyemos, no tenemos derecho a cambiar la bienaventuranza de Cristo y decir: "Sospechosos los pacificadores, porque ellos probablemente trabajarán para el Anticristo". Jesús llama a sus discípulos a amar la paz, proclamar la paz y trabajar por la paz en todos los niveles posibles. Por tanto, ya sea que trabajemos por la paz dentro de una familia o entre naciones, estamos en el negocio familiar como hijos e hijas de Dios. Sí, hay guerras, pero no deben llegar en nombre de Cristo, y no deberían considerarse como algo inevitable o suponer que sean la voluntad de Dios, y no hay duda de que no se nos impone alegrarnos en ellas. Como dice el apóstol Pablo: "Si es posible, en cuanto dependa de vosotros, estad en paz con todos los hombres".‡ O como dice el apóstol Santiago: "El fruto de la justicia se siembra en paz para los que hacen la paz".§

Recuerdo estar en el monte de los Olivos en Jerusalén con dos hermanos jóvenes; ellos eran celosos en su fe cristiana, y su entusiasmo era contagioso. Por razones que serán claras, esos adolescentes me recordaron a los hermanos Santiago y Juan a quienes Jesús apodó

* Véase Apocalipsis 16:13-16

† Mateo 5:9

‡ Romanos 12:18

§ Santiago 3:18, NVI

"hijos del trueno". A medida que seguíamos las huellas de la entrada triunfal de Jesús desde el monte de los Olivos a la ciudad de Jerusalén, uno de ellos exclamó: "¡No puedo esperar a que Jesús regrese para que podamos patear traseros!". ¡Cristianismo de patear traseros! ¡El tipo de cristianismo en el que permitimos que *ellos* reciban! Desgraciadamente, esa actitud está muy generalizada actualmente, y es precisamente la actitud que Jesús reprendió en "los hijos del trueno" cuando ellos quisieron hacer descender fuego sobre el pueblo samaritano.* En respuesta al deseo de mis dos jóvenes amigos de "patear traseros" con Jesús, yo abrí mi Biblia y les mostré el pasaje del profeta Zacarías que describe a un Mesías humilde que entra en Jerusalén sobre el lomo de un pollino. Esa es una profecía que Jesús conocía y deliberadamente representó cuando pidió un pollino para su entrada en Jerusalén cinco días antes de su crucifixión.

> Alégrate mucho, hija de Sion; da voces de júbilo, hija de Jerusalén; he aquí tu rey vendrá a ti, justo y salvador, humilde, y cabalgando sobre un asno, sobre un pollino hijo de asna.
>
> Y de Efraín destruiré los carros, y los caballos de Jerusalén, y los arcos de guerra serán quebrados; y hablará paz a las naciones, y su señorío será de mar a mar, y desde el río hasta los fines de la tierra.
>
> —Zacarías 9:9-10

Los dos jóvenes zelotes que estaban conmigo en Jerusalén no fueron los primeros en desear un Mesías que "patea traseros". Eso es exactamente lo que querían los revolucionarios zelotes judíos originales. Es la visión de un Mesías que Jesús rechazó de plano. En lugar de entrar en Jerusalén sobre un caballo de guerra, como sin duda hacía Poncio Pilato, Jesús hizo otra cosa. En una deliberada mofa de

* Véase Lucas 9:51-56

un triunfo romano (un rechazo deliberado de los caminos de Roma), Jesús escogió montarse en un animal de carga domesticado en lugar de hacerlo en un caballo de guerra. El caballo de guerra era un claro símbolo del poder imperial romano, de riqueza y también de poderío militar. En el siglo I a. C. había muchos que querían un Mesías que lo hiciera a la manera romana y venciese a los romanos en su propio juego: el juego de patear el trasero al enemigo. Pero Jesús tenía otros planes. Jesús escogió el camino de la humildad, el camino de la salvación, el camino de la paz. Por tanto, Él escogió el pollino. Con sus pies arrastrando por el suelo mientras iba sentado a horcajadas sobre el pequeño animal, los soldados romanos, quienes presumiblemente habían visto un verdadero triunfo en Roma, debieron de haberse reído de esa versión campesina de un triunfo. Los galileos, en su entusiasmo, hasta se atrevieron a aclamar al carpintero de Galilea montado sobre el pollino como el rey de Israel. Todo eso debió de haber sido terriblemente cómico para los centinelas romanos.

Cómico porque todo el mundo sabe que un rey monta un caballo de guerra y no un pollino. Pero este rey es diferente, este rey es el Príncipe de Paz. Y aunque los romanos que se burlaban nunca podrían haberlo imaginado, el reino de este Príncipe de Paz se ha extendido hasta los confines de la tierra, tal y como Zacarías profetizó. Además, la humilde entrada de este príncipe se conmemora en todo el mundo cada Domingo de Ramos. Sí, el Príncipe de Paz ha establecido un imperio global, y lo hizo sin patear el trasero a nadie.

El príncipe de paz

Pero eso no significa que el Reino de Dios llegue sólo con dulces palabras y buenos deseos. Jesús es el Príncipe de Paz cuya corona estaba hecha de espinos, cuyo trono era una cruz, cuya aclamación fue una burla, cuyo triunfo fue una cruz, y cuyo reino se ganó derramando su propia sangre. Este príncipe llama a sus seguidores a tomar sus cruces y seguirle, lo cual no significa nada menos que seguir su manera de hacer las cosas. Es el camino del pollino, de la toalla y de la cruz; el camino de la humildad, el servicio y el sufrimiento. Como sea que interpretemos la visión del jinete del caballo blanco de Apocalipsis con una espada en su boca, el llamado aquí y ahora es a seguir al Príncipe de Paz tomando la cruz del perdón radical. Ese es el camino de la paz. La pregunta es: "¿Estamos decepcionados con un Cristo que rechaza el caballo de guerra y escoge el pollino?". ¿Podemos aceptar a un rey que, en humildad, habla a las naciones y de esta manera extiende su gobierno de mar a mar? ¿Podemos aceptar el informe minoritario de los profetas hebreos?

El siglo VIII a. C. dio al mundo dos grandes poetas: el griego Homero y el hebreo Isaías. Estos dos poetas ofrecen visiones contrarias de lo heroico. El poema épico de Homero, *La Ilíada*, comienza con esta frase: "Furia; diosa, canta la furia de Aquiles, hijo de Peleus".[6]

Pero mientras que Homero canta de la furia de Aquiles, Isaías canta de la paz de Emanuel. La pregunta a la que nos enfrentamos es qué héroe aceptar: ¿Aquiles o Emanuel? ¿Qué visión permitiremos que nos forme, la de Homero o la de Isaías? ¿Qué camino escogeremos seguir, la furia de la recompensa o la paz del perdón? A lo largo de los siglos nos hemos sentido bastante cómodos con glorificar a Aquiles y su furia. Pero el camino de Aquiles solamente conduce, tal como dice Homero: "a lanzar a la casa de la muerte a muchas almas fuertes".[7] Y aunque nos encanta tratar como una celebridad a Aquiles, nunca he oído un villancico de Navidad que venga de *La Ilíada*. Isaías es donde George Frideric Handel encontró la inspiración para su intemporal *Mesías*. Como cristianos, debemos seguir al siervo sufriente de Isaías y al Cordero llevado al matadero de Juan, y no intentar convertir a Emanuel en cierto tipo de Aquiles. Aquiles no ofrece nada más que las mismas calles sin salida. En Emanuel es donde encontramos esperanza para el mundo.

Hace unos años mi esposa y yo pasamos una semana en París, donde me habían invitado a hablar en una iglesia y a enseñar en una universidad bíblica. Una tarde me fui solo para asistir a un evento en la catedral de Notre Dame. Era una presentación multimedia dedicada a la historia y la construcción de ese magnífico logro de la arquitectura gótica medieval. La fecha era 8 octubre de 2004. Recuerdo la fecha porque fue el día en que Jacques Derrida murió en París. Jacques Derrida era un famoso filósofo francés y el fundador de la teoría de la deconstrucción. Su muerte fue una gran noticia en París.

Tomé un tren hasta Notre Dame y, como llegué temprano, decidí visitar la famosa librería Shakespeare and Company situada al otro lado del río desde la catedral, en la ribera izquierda. Mi idea era conseguir algunos materiales de lectura para el viaje de 45 minutos en tren de regreso al hotel. Mientras miraba por la vieja librería, la cual había sido el lugar preferido de literarios de élite, como Ezra Pound, James Joyce y Ernest Hemmingway, me encontré mirando entre los maestros rusos: Tolstoy, Dostoevsky, Chekhov y otros. Terminé comprando un ejemplar en rústica de *El Idiota* de Fyodor Dostoevsky. Lo extraño de la compra fue que yo ya tenía una bonita edición de tapa dura de *El Idiota* en el hotel. Era el libro que estaba leyendo en ese momento. Lo que pensé fue que podría leer otros 45 minutos más de *El Idiota* en el viaje de regreso al hotel (admitiré que la idea me pareció un poco extravagante en ese momento). Tras haber hecho mi compra, *El Idiota* y yo cruzamos el río de regreso a Notre Dame.

La presentación cubría los 900 años de historia de la catedral, y comenzaba con una breve biografía de Saint Denis, el mártir cristiano del tercer siglo que fue decapitado por predicar el evangelio en el año 275. Me resultó de mucha inspiración el relato biográfico de ese misionero cristiano primitivo. A la conclusión de la presentación me sentí extrañamente conmovido, y mientras me quedaba sentado en la masiva catedral, hice una sencilla oración: "Dios, úsame más en París". Salí de la catedral, me dirigí hacia el tren y comencé a leer mi nuevo libro. En la primera parada un joven asiático se subió al tren y se sentó frente a mí. Yo no le había prestado ninguna atención hasta que él dijo: "El libro que está usted leyendo es estupendo".

Le pregunté si lo había leído, y él me dijo que lo estaba leyendo en ese momento, y los dos pensamos que era una coincidencia. Al dialogar durante los siguientes minutos, descubrimos que teníamos intereses parecidos en la filosofía y la literatura. Hablamos un poco sobre Jacques Derrida, sobre Gabriel García Márquez, y descubrimos que los dos éramos grandes fans de Fyodor Dostoevsky. Su nombre era Yu, y se acababa de graduar la universidad con una licenciatura en ciencias políticas e historia. Le felicité por su graduación y le dije que había escogido una buena combinación de licenciaturas, porque las ciencias políticas son el estudio del intento de la humanidad por gobernarse a sí misma, y la historia es el registro del fracaso de la humanidad en el intento. Él se rió y estuvo de acuerdo.

Yu era obviamente un joven inteligente, y yo sentía curiosidad por su forma de ver el mundo, así que le hice una pregunta.

"Acaba de obtener títulos en ciencias políticas e historia, y las dos son disciplinas que intentan ver el mundo en términos del cuadro general. Por tanto, ¿cuál es su esperanza para el mundo? ¿Cree que la humanidad tiene esperanza de lograr justicia y producir paz?".

Yu se quedó callado por un momento, y entonces dijo: "No tengo tal esperanza".

Entonces Yu me hizo una pregunta. "He oído que Fyodor Dostoevsky era cristiano, ¿sabe usted algo sobre eso?".

En ese punto de la conversación, estoy seguro de que Yu no sabía que yo era cristiano, y mucho menos tenía idea de que era pastor. Pero yo comenzaba a sospechar que Dios ya estaba respondiendo mi oración de usarme más en París.

Así que le conté a Yu la historia de cómo a los 27 años de edad, Fyodor Dostoevsky fue arrestado por pertenecer a un grupo intelectual subversivo en la Rusia zarista y fue sentenciado a muerte ante un pelotón de ejecución. Después de ser llevado al lugar de la ejecución, le vendaron los ojos y le situaron delante del pelotón de ejecución. De manera dramática, en el último momento, la sentencia fue conmutada por cinco años de trabajos forzados en Siberia. Dostoevsky más adelante dijo que sintió como si de repente le hubieran devuelto la vida.

Al llegar al campo de trabajo en Siberia, una mujer le dio a Dostoevsky un Nuevo Testamento: el único libro que tendría durante los siguientes cinco años. A lo largo de sus años de cárcel y agudo sufrimiento, Dostoevsky acudió una y otra vez al Nuevo Testamento, y especialmente al Evangelio de Juan, para encontrar consuelo. Yo he visto esa Biblia desgastada en el museo de Dostoevsky en San Petersburgo. Al igual que Aleksandr Solzhenitsyn un siglo después, fue durante sus años en la cárcel cuando Fyodor Dostoevsky llegó a tener fe en Jesucristo como el Salvador del mundo, una fe que sería expresada en sus obras maestras literarias de maneras profundas.

Esta es la historia que le conté a Yu en el tren en París. Yu parecía fascinado, y entonces me preguntó qué hacía yo y por qué estaba en París. Cuando le expliqué que era pastor, inicialmente se sorprendió; entonces se puso serio y se inclinó hacia mí, diciendo: "Ya que es usted pastor, quiero decirle algo".

Entonces me contó que aunque él se había criado en un hogar que creía en Dios, en sus años de adolescencia se convirtió en ateo y había sido ateo durante sus años en la universidad. Entonces se acercó más a mí y dijo: "Ayer fui a Notre Dame, sólo para ver la arquitectura gótica; pero en el momento en que entré en la catedral, supe que hay un Dios. Supe que yo había estado equivocado. Intenté orar y decirle a Dios que lo sentía, pero no creo que Dios oyese mi oración porque me alejé de Él hace muchos años".

Yo le dije: "Yu, deje que le diga algo. Dios *sí* oyó su oración. Hace menos de una hora, yo estaba en esa misma catedral y también oré. Oré: 'Dios, úsame más en París'. Entonces me monté en este tren y usted también se montó en el tren, y nos sentamos enfrente el uno del otro. Y usted comentó sobre mi libro, que ambos estamos leyendo, que yo acabo de comprar, ¡aunque ya tengo un ejemplar en la habitación de mi hotel! Todo ello para que nos encontrásemos, mantuviésemos esta conversación, y que yo le dijera que, sin duda alguna, Dios oyó su oración en Notre Dame ayer al igual que oyó mi oración esta noche. ¡Dios está respondiendo las oraciones de los dos!".

Yu se quedó sorprendido, y tenían lágrimas en los ojos.

Entonces le dije a Yu: "¿De verdad quiere conocer a Dios? ¿Quiere conocer la esperanza para el mundo? ¿La esperanza que yo he encontrado? ¿La esperanza que encontró Dostoevsky? ¿La esperanza para un mundo que se ha equivocado? ¿La esperanza para la paz?".

"Sí que quiero".

Le pregunté a Yu si tenía una Biblia, y él dijo que sí, pero que no la había leído.

"Yu, vaya a su casa y lea Evangelio de Juan como hizo Dostoevsky, y descubrirá cómo conocer a Dios por medio de Jesucristo. Descubrirá la esperanza para este mundo que no puede encontrarse en ningún otro lugar".

Él me aseguró que lo haría, y entonces oré por Yu allí mismo en el tren. Cuando dije "amén", levanté mi vista y estaba en mi parada. Dije: "Yu, tengo que irme", y me bajé del tren. Me sentí como un ángel, un ángel enviado por Dios. Nunca supe el apellido de Yu ni ninguna otra información sobre él, pero tengo confianza en que Dios me usó en París aquel día en que Derrida murió para ayudar a un joven a encontrar al Príncipe de Paz.

La esperanza cristiana de la que testifiqué en el tren en París es la verdad cristiana de la que testifico en este libro. La verdad de que, por medio del perdón radical de la cruz, Jesús ofrece esperanza para el pecador y esperanza para el mundo. Esperanza en un nivel personal y esperanza a escala global. Esperanza de reconciliación y esperanza de paz. Y la esperanza de paz que yo veo no es una panacea barata ni el deseo de la hermosa concursante de belleza, de la que tan fácilmente se burlan. Es a la vez costosa y posible; es tan costosa como la cruz y tan posible como el Reino de Dios.

La esperanza de paz

La esperanza de paz que yo veo es donde el pecado es llamado pecado y donde la cruz se ve como la solución. La esperanza de paz que yo veo es donde el deseo de dominio es sustituido por el amor, y donde el deseo de venganza es sustituido por el perdón. La esperanza de paz que yo veo es camino de Jesús de escoger la cruz rechazando la trampa mortal de la venganza reciclada. La esperanza de paz que yo veo es donde la furia de Aquiles no es ni glorificada como heroica ni satisfecha en venganza. La esperanza de paz que yo veo es donde la furia de Aquiles es nombrada y avergonzada como la maldición de Caín y es extinguida en la cruz. La esperanza de paz que yo veo es donde los discípulos de Jesús no sólo observan con admiración mientras Jesús lleva su cruz, sino que practican una imitación del mismo tipo de perdón que lleva la cruz. Este es el tipo de cristianismo que no es un capellán del status quo sino que puede realmente cambiar el mundo.

Eso es lo que pedimos cuando oramos: "Venga tu reino, hágase tu voluntad". Es una oración para que venga el gobierno de Dios y para que se haga la política de Dios. En la tierra -¡*ahora*!- como en el cielo. Es una oración por el gobierno de gracia de Dios y por la política de paz de Dios. Es una oración para que se logre gracia y paz para todos y a todos los niveles mediante la cruz de Cristo. No una gracia barata o una paz vacía, sino la gracia y la paz que están fundadas sobre el perdón, un perdón que entró en el mundo cuando el Hijo oró sobre la cruz: "Padre, perdónalos", y el Padre dijo: "Sí, Hijo mío".

{ La esperanza de paz que yo veo es donde los discípulos de Jesús no sólo observan con admiración mientras Jesús lleva su cruz, sino que practican una imitación del mismo tipo de perdón que lleva la cruz. }

Este es el Reino de Dios liberado desde el diminutivo mundo de la piedad privada. Este es el Reino de Dios como la respuesta para todos los problemas más serios que nuestro mundo afronta, problemas como corrupción política, guerra de genocidio, odio étnico, pobreza extrema, liderazgo egocéntrico, abuso medioambiental, abuso sexual, vida humana devaluada, pandemias, familias rotas, adicciones destructivas, deuda agobiante, vacío espiritual, y cualquier otro quebrantamiento sistémico que evite que los seres humanos sean las criaturas que llevan la imagen que Dios quiso. El niño ha nacido. Se ha dado al Hijo. Y para aquellos que confiesan la muerte, el entierro y resurrección de Jesucristo, esperamos:

> Lo dilatado de su imperio y la paz no tendrán límite, sobre el trono de David y sobre su reino, disponiéndolo y confirmándolo en juicio y en justicia desde ahora y para siempre. El celo de Jehová de los ejércitos hará esto.
>
> —ISAÍAS 9:7

Este reino no llega mediante maquinaciones políticas Este reino no llega mediante fuerza militar. No llega mediante balas o votaciones, mediante elecciones o intrigas, mediante democracias o demagogias. El Reino de Dios llega silenciosamente, casi en secreto. Al igual que la semilla que crece; llega como un largo paseo hasta casa. Llega en susurros y tranquilas conversaciones; llega mientras las personas duermen; llega de manera sorprendentes y en lugares inesperados. Llega mediante medios poco convencionales y mediante agentes no autorizados. Llega mediante la transformación gradual de corazones y mentes, vida a vida. El Reino de Dios llega de millones de maneras diferentes; a medida que las personas llegan a fascinarse con Jesucristo, encuentran su perdón y aprenden a ofrecerlo a los demás.

¿Dónde está este Reino? Jesús dijo que está entre *nosotros.* Este Reino se cree y se experimenta entre aquellos que se toman en serio el llamado a ser aprendices del camino de Jesús. Un camino que nos llama a perdonar como somos perdonados, a perdonar setenta veces siete, a perdonar los pecados de otros, a perdonar los pecados de los enemigos, a perdonar incondicionalmente. Este es el Reino de Dios. Es radical, ¡y es lo mejor que haya habido nunca! Es esperanza para el mundo. Yo nunca he escuchado a nadie describirlo mejor que Frederick Buechner:

> ¿El Reino de Dios? Una vez tras otra Jesús intenta hacernos entender lo que Él quiere decir con eso. Relata parábola

> tras parábola. Intenta gritarlo, intenta susurrarlo... lo que parece estar diciendo es que el Reino de Dios es el momento... en que ya no serán los seres humanos en su locura quienes estén a cargo del mundo, sino que será Dios en su misericordia quien estará a cargo del mundo. Es el momento sobre todo los demás para el regocijo; como salir de la cárcel, como ser curado de cáncer, como finalmente, al fin, llegar a casa. Y *se ha acercado*, dice Jesús.[8]

Si podemos llegar a convencernos de que el Reino de Dios es real, que el Reino de Dios es posible, que el Reino de Dios está aquí, entonces podremos finalmente encontrar la valentía para abandonar nuestra lealtad a las corruptas ideas de Adán, Aquiles y Augusto. Ideas de rebelión, furia y construir un imperio egoísta. Ideas que nos han expulsado del huerto, han llenado la casa de los muertos, y han creado desiertos que han sido cínicamente llamados "paz". Si realmente podemos nacer de nuevo mediante una profunda fe en Jesús y en su camino de perdón radical, al menos podemos ver el Reino de Dios. En lugar de poner nuestra fe en la *Pax Romana* o la *Pax Americana*, podemos al menos poner nuestra fe en la *Pax Christus*.

Como seguidores del Cordero, debemos llegar a entender que sólo mediante la práctica del perdón radical es como podemos lograr la paz verdadera. La paz con Dios llega perdonando y siendo perdonado.

Quizá se pregunte si yo he visto alguna vez cualquier señal de este próximo Reino de Cristo con su reinado de paz. Lo he visto. He visto el Reino de Cristo en forma de beso. Lo vi cuando un anterior guerrero palestino y un anterior soldado israelí se pusieron de pie en nuestra iglesia y se dieron un abrazo y un beso. Fue un beso santo, si alguna vez hubo uno. Mis amigos Taysir Abu Saad y Moran Rosenblit se han encontrado en Cristo y han formado una amistad bajo la bandera del Príncipe de Paz. Taysir había sido un francotirador de la OLP que luchó con Yasser Arafat. Moran era un amargado soldado israelí que había perdido amigos en un ataque terrorista palestino. Pero, en Cristo, ambos se han convertido en practicantes de amor incondicional y perdón radical. La formación de su amistad no fue fácil y no llegó de forma barata. Su amistad se formó no estando de acuerdo en todo, sino orando juntos. En la actualidad, su terreno común no es el de las opiniones políticas idénticas, sino una lealtad común a Jesús y a su camino de perdón radical. Cuando yo vi a aquellos dos hombres abandonar el agotado guión del odio y la venganza y aceptarse el uno al otro en un beso de amor y perdón, vi el Reino de Cristo. Y la sanidad que se ha producido entre un israelí y un árabe es la esperanza de sanidad para el mundo. El conflicto palestino-israelí no es algo que pueda resolverse mediante tópicos. Lo mismo puede decirse de cualquier conflicto profundo e histórico. Pero cuando un seguidor judío del Mesías y un adorador árabe de Isa (Jesús) han aprendido a imitar al Príncipe de Paz, han encontrado un perdón que trasciende a la tragedia, un perdón que les da un futuro, un perdón que puede salvar a un alma, un perdón que es la belleza que salva al mundo.

Esta es posibilidad del perdón: la posibilidad de paz. No es la falsa paz que llega de hacer las cosas a nuestro modo y triunfar sobre nuestros enemigos. Es la paz de Cristo que llega perdonando y siendo perdonados. Es la paz que llega mediante el triunfo del amor en forma de perdón. Esta es la paz que Jesús logró cuando amó incondicionalmente y perdonó desde la cruz. Como seguidores del Cordero, debemos llegar a entender que sólo mediante la práctica del perdón radical es como podemos lograr verdadera paz. La paz con Dios llega perdonando y siendo perdonados. Recibimos perdón y ofrecemos perdón. El perdón no es nada menos que la fe que se expresa a sí misma mediante el amor.[*] Por tanto, como personas de fe, seguimos orando día tras día: "Perdónanos nuestras deudas como nosotros perdonamos a quienes nos deben". Seguimos perdonando setenta veces siete. Seguimos perdonando los pecados de otros y utilizando las llaves del Reino de los cielos para liberar a nuestro mundo de las cadenas del odio, el cual nos ata al ciclo de venganza. Es así como seguimos a nuestro Señor crucificado y resucitado. Es así como la paz llega a nuestro corazón, nuestro hogar, nuestro mundo. Y la paz no llega de ninguna otra manera. Sin duda, una paz no es paz sino aquella que llega mediante el perdón de pecados.

> Entonces Jesús les dijo otra vez: Paz a vosotros. Como me envió el Padre, así también yo os envío. Y habiendo dicho esto, sopló, y les dijo: Recibid el Espíritu Santo. A quienes remitiereis los pecados, les son remitidos; y a quienes se los retuviereis, les son retenidos.
>
> —Juan 20:21-23

El Padre envió a Jesús a una misión de perdón, una misión que llevó a Jesús a la cruz. Que Jesús fue fiel en su misión y tuvo éxito en abrir la puerta al perdón y la paz es el testimonio de Dios en la resurrección. Ahora Jesús nos envía en la misma misión: la misión del perdón. También nosotros tendremos que tomar la cruz, porque el perdón es con frecuencia un tipo de sufrimiento. Pero creemos que por encima del sufrimiento del perdón incondicional están la resurrección del amor y el triunfo de la paz.

---

* Gálatas 5:6

NOTAS

CAPÍTULO 1—LA CUESTIÓN DEL PERDÓN

1. Simon Wiesenthal, *The Sunflower* (New York: Schocken, 1997), pp. 14–15.
2. Ibíd., pp. 42–43.
3. Ibíd., p. 54.
4. Ibíd., pp. 97–98.
5. Solomon Schimmel, *Wounds Not Healed by Time* (New York: Oxford University Press, 2002), p. 65.
6. "Reader's Digest". Letra y música de Larry Norman. Copyright © 1973 (renovado 2001) GLENWOOD MUSIC CORP. y STRAW BED MUSIC. Todos los derechos controlados y administrados por GLENWOOD MUSIC CORP. Todos los derechos reservados. Copyright internacional asegurado. Usado con permiso. *Reimpreso con permiso de Hal Leonard Corporation.*
7. Dietrich Bonhoeffer, *The Cost of Discipleship* (New York: Touchstone, 1963, 1995), p. 90.

CAPÍTULO 2—LA POSIBILIDAD DEL PERDÓN

1. Jacob Neusner, *A Rabbi Talks With Jesus* (Montreal, Quebec: McGill-Queen's University Press, 2000), p. 68.

2. Corrie ten Boom, "Love Your Enemy", *Guideposts*, enero 1972, en Corrie ten Boom y Jamie Buckingham, *Tramp for the Lord* (Grand Rapids, MI: Fleming H. Revell Co., 1974), pp. 53–55. Reimpreso con permiso de *Guideposts.* Copyright © 1972 por Guideposts. Todos los derechos reservados.
3. Aleksandr Solzhenitsyn, *One Day in the Life of Ivan Denisovich* (Westport, CT: Praeger, 1963).
4. Aleksandr Solzhenitsyn, *The Gulag Archipelago*, Part IV: *The Soul and Barbed Wire* (New York: HarperCollins Publisher, 1974), "The Ascent", pp. 611–613.
5. Nikolai Velimirović, "Prayer Regarding Critics and Enemies", visto en http://www.brianmclaren.net/archives/prayer-regarding-critics-and-ene-1.html (accesado 19 febrero 2010).

CAPÍTULO 3—LA IMITACIÓN DE CRISTO

1. Este evento está registrado en el libro apócrifo judío de 1 Macabeos 2:67–68.
2. "Dark Eyes" por Bob Dylan. Copyright © 1985 Special Rider Music. Todos los derechos reservados. Copyright internacional asegurado. Reimpreso con permiso.
3. "To Forgive" por Steve Taylor. Copyright © 1985, Birdwing Music (ASCAP) (admin. EMI CMG Publishing)/C. A. Music (ASCAP). Todos los derechos reservados. Usado con permiso.
4. "The Cross Is a Scandal" por Brian Zahnd.
5. Rachel Tulloch, "The Pain of Forgiveness", Ravi Zacharias International Ministries, 1 de octubre 2009, http://dev.rzim.org/usa/resources/read/asliceofinfinity/todaysslice.aspx?aid=10405 (accesado 10 febrero 2010).

6. Ibíd.
7. CNN.com, "Betancourt to Larry King: FARC Captivity 'Was Hell'", 10 de julio 2008, http://www.cnn.com/2008/WORLD/americas/07/09/king.betancourt.intw/index.html (accesado 10 febrero 2010).

CAPÍTULO 4—NO HAY FUTURO SIN PERDÓN

1. Desmond Tutu, *No Future Without Forgiveness* (New York: Random House, Inc., 2000).
2. Statistic South Africa, "Statistical Release P0302: Mid-Year Population Estimates 2009", 27 de julio 2009, http://www.statssa.gov.za/publications/P0302/P03022009.pdf (accesado 5 marzo 2010).
3. Truth and Reconciliation Commission, "Amnesty Hearings and Decisions", http://www.justice.gov.za/trc/amntrans/index.htm (accesado 5 marzo 2010).
4. Tutu, *No Future Without Forgiveness*, p. 108.
5. Ibíd., pp. 54–55.
6. Friedrich Nietzsche, *Thus Spake Zarathustra* (New York: Cosimo, 2006), p. 95; publicado originalmente en 1911.
7. "Death and All His Friends". Letra y música de Guy Berryman, Jon Buckland, Will Champion, y Chris Martin. Copyright © 2008 por Universal Music Publishing MGB Ltd. Todos los derechos en Estados Unidos y Canadá administrados por Universal Music - MBG Songs. Copyright internacional asegurado. Todos los derechos reservados. *Usado con permiso de Hal Leonard Corporation.*
8. Miroslav Volf, *Exclusion and Embrace* (Nashville, TN: Abingdon Press, 1996), p. 276.

CAPÍTULO 5—EL PERDÓN QUE TRASCIENDE A LA TRAGEDIA

1. Bonhoeffer, *The Cost of Discipleship*, pp. 43–45.
2. Jack Nelson-Pallmeyer, *Jesus Against Christianity: Reclaiming the Missing Jesus* (Valley Forge, PA: Trinity Press, 2001), p. 188.
3. Brad Jersak y Michael Hardin, eds., *Stricken by God?* (Grand Rapids, MI: Wm. B. Eerdman's, 2007), p. 245.
4. Donald B. Kyrabill, Steven M. Nolt, y David L. Weaver-Zercher, *Amish Grace* (Hoboken, NJ: Jossey-Bass, 2007), xi.
5. Ibíd., p. 25.
6. Ibíd.
7. Ibíd., p. 44.
8. Ibíd., p. 45.
9. Ibíd., p. 46.
10. Ibíd.
11. Ibíd., p. 49.
12. Ibíd.
13. N. T. Wright, *Evil and the Justice of God* (Westmont, IL: Intervarsity Press, 2009).
14. Jersak and Hardin, eds., *Stricken by God?* p. 55.
15. Augustine, "Carta 133", en Philip Schaff , ed., Nicene and Post-Nicene Fathers, volumen I, trad. por J. G. Cunningham (Buffalo, NY: Christian Literature Publishing Co., 1887), visto en http://www.newadvent.org/fathers/1102133.htm (accesado 26 febrero 2010).

CAPÍTULO 6—PERDÓN Y JUSTICIA

1. "One Too Many Mornings" por Bob Dylan. Copyright © 1964, 1966 por Warner Brothers, Inc.; renewed 1992, 1994 by Special Rider Music. Todos los derechos reservados. Copyright internacional asegurado. Reimpreso con permiso.
2. Volf, *Exclusion and Embrace*, p. 215.
3. Ibíd., p. 223.
4. Dietrich Bonhoeffer, *Life Together* (New York: Harper & Bros., 1954), pp. 47, 45–46.
5. Reinhold Niebuhr y D. B. Robertson, *Love and Justice* (Louisville, KY: Westminster John Knox Press, 1957), p. 49.
6. Miroslav Volf, *The End of Memory* (Grand Rapids, MI: Wm. B. Eerdman's, 2006), p. 9.

CAPÍTULO 7—MATAR LA HOSTILIDAD

1. John Donne, "Meditación No. 17: No Man Is an Island", Devotions Upon Emergent Occasions, http://isu.indstate.edu/ilnprof/ENG451/ISLAND/text.html (accesado 26 febrero 2010).
2. Jersak and Hardin, eds., *Stricken by God?* p. 373.
3. John Calvin, *Defensio Orthodoxae Fidei* (1554), pp. 46–47, en John Marshall, *John Locke, Toleration and Early Enlightenment Culture* (New York: Cambridge University Press, 2010), p. 325.
4. John Steinbeck, *The Grapes of Wrath* (New York: Penguin, 2002), p. 341.

5. "Desolation Row" por Bob Dylan, copyright © 1965 por Warner Brothers, Inc.; renovado 1993 por Special Rider Music. Todos los derechos reservados. Copyright internacional asegurado. Reimpreso con permiso.
6. Volf, *Exclusion and Embrace*, p. 154.

CAPÍTULO 8—LA REGLA DE ORO Y LA PUERTA ESTRECHA

1. Saint Athanasius, *On the Incarnation* (Crestwood, NY: St. Vladimer's Seminary Press, 1993), pp. 41–42.
2. Volf, *Exclusion and Embrace*, p. 24.
3. Jersak and Hardin, eds., *Stricken by God?* p. 245.
4. Bonhoeffer, *The Cost of Discipleship*, p. 190.

CAPÍTULO 9—LA BELLEZA SALVARÁ AL MUNDO

1. "Philosophia". Escrito por Kevin Gerard May y Michael Lynch. Copyright © 2009 ROGUES WRITER'S CIRCLE (ASCAP)/Administered by BUGHOUSE (ASCAP). Todos los derechos reservados. Usado con permiso. *Reimpreso con permiso de Hal Leonard Corporation.*
2. Fyodor Dostoevsky, *The Brothers Karamazov* (Garden City, NY: Literary Guild of America, 1953).
3. Fyodor Dostoevsky, *The Idiot* (New York: Oxford University Press, 1868, 2008).
4. Aleksandr Solzhenitsyn, "Nobel Lecture in Literature, 1970", NobelPrize.org, http://nobelprize.org/nobel_prizes/literature/laureates/1970/solzhenitsyn-lecture.html (accesado 18 febrero 2010).

5. Etty Hillesum, *Etty: The Letters and Diaries of Etty Hillesum 1941–1943* (Grand Rapids, MI: Wm. B. Eerdsman Publishing Co., 2002), pp. 640, 545, 460, 491.
6. Abraham Joshua Heschel, *The Prophets* (Peabody, MA: Hendrickson's Publishers, 2007), p. 270.
7. Hans Urs von Balthasar, *Love Alone Is Credible* (San Francisco, CA: Ignatius Press, 2005).
8. Ibíd.

CAPÍTULO 10—EL PRÍNCIPE DE PAZ

1. "Political World" por Bob Dylan, copyright © 1989 por Special Rider Music. Todos los derechos reservados. Copyright internacional asegurado. Reimpreso con permiso.
2. Anup Shah, "World Military Spending", GlobalIssues.org, 13 septiembre 2009, http://www.globalissues.org/article/75/world-military-spending#WorldMilitarySpending (accesado 5 marzo 2010); CNN.com, "U.N. Chief: Hunger Kills 17,000 Kids Daily", 17 noviembre 2009, http://www.cnn.com/2009/WORLD/europe/11/17/italy.food.summit/index.html (accesado 5 marzo 2010).
3. L. Gregory Jones, *Embodying Forgiveness* (Grand Rapids, MI: Wm. B. Eerdman's, 1995), pp. 13, 37.
4. Bonhoeffer, *The Cost of Discipleship.*
5. Cornelius Tacitus, *The Agricola and The Germania* (Stilwell, KS: Digireads.com Publishing, 2008), pp. 21–22.
6. Homero, *The Iliad*, trad. Robert Fagles (New York: Penguin, 1990), p. 77.
7. Ibíd.
8. Frederick Buechner, *Secrets in the Dark* (New York: HarperOne, 2007), p. 157, énfasis añadido.

SOBRE EL AUTOR

Me convertí al Señor a una edad joven por un encuentro dramático con Jesús durante la cúspide del movimiento Jesús. De inmediato, inicié un grupo para estudiar la Biblia en la escuela superior, dirigí un ministerio que nos reuníamos en una cafeteria y predicaba en cualquier iglesia que aceptara a un loco por Jesús con pelo largo.

Siete años después de este encuentro transformador con Jesús, comencé la iglesia Word of Life (Palabra de Vida) en un edificio maltrecho de una iglesia metodista. Por los primeros siete años, tuvimos nuestros retos y el grupo de congregantes se mantuvo pequeño. Sin embargo, de ese tiempo para acá Dios me ha permitido ser un pastor de miles. Nunca ha cesado de asombrarme.

Mi gran pasión es por el Rey y su Reino. Mi vida ha sido una aventura sin fin que me ha llevado a explorar el reino de los cielos basado en estas cinco palabras: Cruz, Misterio, Ecléctico, Comunidad y Revolución. Puedo hablar por horas sobre estas cinco palabras que giran alrededor de la vida de Jesús, pero esto es una biografía corta.

Mi esposa Peri y yo hemos hecho algunas cosas inverosímiles atreviéndonos a creerle a Dios. Eso ha hecho de nuestra vida una aventura, no siempre fácil, pero siempre una aventura… y al final, simpre para bien.

Tenemos tres hijos: Caleb, Aaron y Philip, y dos yernas, Ashlie y Sarah. Son maravillosos.

PARA CONTACTAR AL AUTOR

Word of Life Church
3902 NE Riverside Road
Saint Joseph, Missouri 64505

Teléfono
(816) 233.6367 Oficina

Fax
(816) 233.0005

Email
contact@wolc.com

Web
www.wolc.com

Facebook
facebook.com/wordoflifechurch

Twitter
twitter.com/wolc

OTROS LIBROS DE BRIAN ZAHND

Qué hacer en el peor día de su vida